Anja Fecke

Ein Leben ohne Hund ist ein Irrtum

Anja Fecke

3x7 Zusagen des Glaubens

Ein Leben ohne Hund ist ein Irrtum

BONIFATIUS

Bibliografische Information der Deutschen Nationalbibliothek
Die deutsche Nationalbibliothek verzeichnet diese Publikation in der deutschen Nationalbibliografie; detaillierte bibliografische Daten sind im Internet über http://dnb.ddb.de abrufbar.

MIX
Papier aus verantwortungsvollen Quellen
FSC® C014889
FSC
www.fsc.org

Grafik und Gestaltung: Karin Cordes, Dipl.-Designerin, Paderborn

Titelfoto: Herney Gómez, pixabay

Druck und Bindung: Pustet, Regensburg / printed in Germany

ISBN 978-3-89710-795-3

www.bonifatius-verlag.de

Einleitung

Lassie

Meine erste große Liebe war Lassie. Ich war vier oder fünf Jahre alt und durfte hin und wieder im Kinderprogramm die Geschichten von diesem klugen Hund sehen. Ich war hingerissen. Ich wollte auch einen Hund. Nein, nicht einen Hund, ich wollte Lassie.

Wahrscheinlich war das die Hoch-Zeit der Colliezüchter. Ich bekam nach langen Betteln mit acht Jahren einen Hund. Keine Lassie. Es war ein weißer Zwergpudel, der auf den Namen Inka hörte. Wenn sie hörte. Denn im Gegensatz zu Lassie konnte Inka nichts. Ich glaube, noch nicht einmal Sitz und Platz gehörte zu ihrem Grundrepertoire. Inka wurde nicht erzogen. Ich hatte keine Ahnung und meine Eltern keine Zeit. Sie lief einfach mit. Hundeschulen waren Fremdworte. Das Grundstück groß genug, sie einfach laufen zu lassen. Und das jährliche Ausbüxen verlor sich mit der Zeit und dem Alter. War sie zu dumm, um eine zweite Lassie zu werden? Inzwischen glaube ich, sie war zu klug, um sich auf meine „Dressurmethoden" einzulassen. Und zu selbstbewusst, nicht auch ihre eigenen Wege zu gehen.

Inka wurde 16 Jahre alt. Ob sie ein gutes Hundeleben hatte? Ich kann es nicht beurteilen. Sie war da,

ein Mitglied der Familie. Sie wurde inniglich geliebt, hatte zu jedem Familienmitglied eine ganz besondere Beziehung. Es war immer jemand vom Rudel da, sie war in ihrem Leben vielleicht insgesamt drei Tage allein – alle Stunden zusammengezählt.
Inka wäre durch jede Begleithundeprüfung mit Pauken und Trompeten durchgefallen. Und trotzdem war sie ein toller Hund. Sie war mein erster Hund.
Die Liebe zu Hunden hat mich nie losgelassen. Manchmal habe ich mich mehr über den tierischen Anhang eines Besuchers gefreut als über den Besucher selbst. Trotzdem war ich lange Zeit meines Lebens hundelos. Ich wusste nicht, wie Beruf und Hund zu verbinden gewesen wären. Wie hätte ich einem Hund gerecht werden können?
Mittlerweile gibt es wieder einen Hund in meinem Leben. Emma ist eine Mischlingsdame aus dem Tierheim. Ja, mit ihr war ich in der Hundeschule. Ja, sie begleitet mich fast rund um die Uhr. Und ja, sie ist der tollste Hund überhaupt. Mein Hund.
In diesem Bändchen will ich meine Überlegungen zu Mensch und Hund und Gott, zu einer Beziehung und einer Berufsbeziehung darlegen. Ich versuche, meine Arbeit als Behindertenseelsorgerin mit meinem Leben als Hundefrau zu verbinden. Das klappt mal mehr, mal weniger. Aber es bereichert.

Vielleicht bereichern Sie meine Überlegungen. Vielleicht suchen Sie Argumente für einen Hund. Vielleicht die Möglichkeit, Ihren Hund in den Beruf zu integrieren. Vielleicht auch die Möglichkeit, bewusst als Christ mit einem Tier zu leben. Vielleicht gibt es Impulse, die Ihnen weiterhelfen. Ich würde es mir wünschen.

Anja Fecke

Von einer die auszog, einen Hund zu finden.

Ich bin als Kind mit einem Hund groß geworden. Mit ca. acht Jahren wurde mein größter Wunsch erfüllt und Inka, eine Zwergpudeldame, zog ein. Im Nachhinein denke ich mir, wie langweilig das Leben für diese tolle Hündin gewesen sein muss. Sie lief einfach nebenher. In dieser Zeit hat man sich noch keine Gedanken über Hundeerziehung, Hundesport oder ähnliches gemacht – zumindest in meinem Heimatdorf nicht.

Später startete ich einen weiteren Versuch mit einem Schäfer-Schnauzer-Mix. Ein Secondhandhund, also aus dem Tierheim. Damals, in den Neunzigern, arbeitete ich als Gemeindereferentin in einer Pfarrgemeinde. Was erst ganz gut anlief, wurde, als sich meine Lebenssituation dramatisch änderte, schnell zu einem unlösbaren Problem: Ratz wollte und konnte nicht allein bleiben. Und ich konnte sie nicht zu jedem Termin mitnehmen. So mussten sich unsere Wege leider wieder trennen. Bevor sich jemand aufregt: Sie wurde in eine nette Familie vermittelt! Der Wunsch, Leben und Arbeit mit einem Hund zu teilen, der blieb. Schon vor einigen Jahren schlich sich der Gedanke

ein, einen Hund in meine Arbeit als Behindertenseelsorgerin einzubinden. Wenn es Therapiebegleithunde gibt, kann es dann nicht auch einen Seelsorgebegleithund geben?
Wie sollte dieser Hund aussehen? Welche Eigenschaften sollte er haben?
Nach langem hin und her habe ich mir einen Katalog aufgestellt:
Der Hund soll hell sein. Überlegung: vor dunklen Hunden haben Menschen eher Angst. Die Mimik eines dunklen Hundes ist für manche Menschen (mit Behinderung) schwer bis gar nicht zu lesen. Also kamen als Farben nur weiß/blond/senffarben in Betracht.
Der Hund soll nur ca. 40 cm hoch sein. Da ich in einen heilpädagogischen Kindergarten gehe und den Hund dorthin mitnehmen will, fand ich einen größeren Hund nicht passend. Schließlich sind einige Kinder dort entwicklungsverzögert, was z. T. auch das Wachstum betrifft. Ein Hund höher als das Kind – für mich nicht denkbar.
Der Hund soll nicht oder nur wenig haaren. Im Hinblick auf mögliche Allergien kommen nur wenige Rassen in Betracht.
Der Hund soll aber ein Wuschelfell haben und in der Kategorie „niedlich“ zu finden sein. Kurz: Er soll einen hohen Aufforderungscharakter haben. Schließlich

sollen die Menschen zumindest neugierig, wenn nicht sogar freudig auf diesen Hund zugehen.
Klar, alles äußere Werte. Aber wir Menschen lassen uns gerne vom Schein verführen. Wir haben ganz eigene Vorstellungen von dem, wie etwas sein soll. Und was ich hier als „Katalog" beschreibe, wenden wir Menschen – Hand aufs Herz – doch auch bei anderen Menschen an. Wenn ich die Kontaktanzeigen in den Zeitungen lese, dann spielen dort äußere Dinge, vor allem die Figur des oder der Gesuchten eine große Rolle: Sportlich, attraktiv. Dass jemand klein und übergewichtig ist, steht dort nie. Aber vielleicht wäre das genau der Richtige! Wie habe ich meine Freunde,

meinen Partner gefunden? Welche Kategorien spielen dort hinein? Und lass ich mich von mir selber überraschen? Statt groß, muskulös und sportlich ist der Traumpartner dann doch dunkelhaarig, etwas kleiner als ich und eine gemütliche Couchpotato. So funktioniert „Parship" und Co ebenso wie die Bewerbungsmappe. Weshalb man bei Bewerbungen jetzt auch häufiger mal auf das Foto verzichtet. Das klappt bei Partnerportalen offensichtlich nicht.

Aber zurück zu meiner Hundesuche. Natürlich sollte der Hund auch „innere Werte" besitzen. Aber erst einmal habe ich mich mit diesem Katalog auf den Weg gemacht. Da ich ja selber mit einem Pudel aufgewachsen bin und diese Rasse sehr schätze, dachte ich: Klar, ein Pudel. Und somit begann die Suche nach einem Züchter. Leider wurde ich da nicht unbedingt fündig. Entweder waren keine Würfe geplant oder es wurden mir Hunde angeboten, die so gar nicht für diese Arbeit infrage kamen.

Es kamen noch weitere Begegnungen mit Züchtern hinzu, die mich zweifeln ließen: In welchem Interesse handeln sie eigentlich? Geht es um den Hund oder ums Geschäft? Geld verdienen ist keine Sünde, aber bitte nicht auf Kosten eines Tieres.

Ein Züchter meinte, mir einen völlig verängstigten unsicheren Pudel, den er für seine Zucht nicht haben wollte, übergeben zu wollen. Ich bin mit diesem Tier etwas spazieren gegangen. Der Hund reagierte panisch auf fast alles: Ansprache, Streichelversuche ... Meine Bedenken wurden mit einem: „Der gewöhnt sich schon dran!" abgetan. Den Kontakt zu diesem Züchter habe ich dann schnellsten abgebrochen. Natürlich, ohne den Hund zu nehmen.

Viele Telefonate, Websites und Emails später kam ich auf die Idee, dass ein Labradoodel doch eine gute Wahl wäre. In der Nähe gab es sogar eine Züchterin und ja, die hatte gerade zwei Würfe da. Allerdings musste ich, um mir die Tiere anzusehen, erst einmal 50 € zahlen. Würde aber später verrechnet. Na dann. Ok, ich war zweimal dort, aber irgendwie fand ich die Aussage: „Das wird ein ganz toller Therapiehund!" etwas vollmundig, vor allem, wenn ein Welpe noch nicht einmal die Augen geöffnet hat. So wurden die 50 € nicht verrechnet. Lehrgeld eben.

Und dann kam die Idee: Warum nicht ein Hund aus dem Tierheim? Dort gibt es doch genug Hunde und irgendwo wird der richtige schon zu finden sein. Gesagt getan, die Suche fing an – und endete ganz schnell. Denn nach zwei Besuchen im Tierheim habe ich im Internet Emma gefunden, mich vorsichtig in sie verliebt und letztlich auch genommen.

Erster Eindruck, zweite Chance

Also ein Secondhandhund. Unter http://hundevermittlung.info suchte ich nach einer Hundedame. Bislang hatte ich nur Erfahrung mit Hündinnen, und da die positiv waren, wollte ich daran nichts ändern.
Tja, und schon beim fünften Besuch auf dieser Seite, sprang mir „Klein Emma" ins Auge. Offenbar war sie gerade erst eingestellt worden. Die Beschreibung sprach mich an, so nahm ich erst einmal Kontakt zur Pro Vitale Animale, der Hundeauffangstation in Essen auf. Und schilderte auch gleich, was ich mit dem Hund vorhatte. Ob diese Arbeit mit Klein Emma möglich wäre? Tja, vorstellbar wäre das. Allerdings gab es ein Problem. Pro Vita Animale vermittelt nur im Umkreis von 100 km, und Paderborn ist definitiv weiter entfernt. Aber nach drei weiteren Telefonaten waren wir soweit, dass ich mal vorbei kommen konnte, um Emma persönlich kennen zu lernen. Mir sprangen viele Hunde entgegen, Emma war allerdings mehr an den anderen Hunden interessiert als an mir. Sie war die Woche in Quarantäne gehalten worden, auch, da sie gerade das erste Mal läufig war. Und sie sah etwas erbärmlich aus: ziemlich abge-

magert und zerrupft. Zum Teil war ihr Fell herausgeschnitten worden, da sie ziemlich verfilzt und voll mit Parasiten aufgenommen worden war. Der Tierarzt musste wohl einen starken Chemiecocktail einsetzen, um Emma soweit sauber zu bekommen. Ich erfuhr, dass sie bei Drogenabhängigen gewesen war, die sie dann abgegeben hätten. Naja, ich persönlich glaube, dass sie vom Tierschutz beschlagnahmt wurde. Egal, diese zierliche, halbe Portion war mehr rosa als weiß und sah ziemlich erbarmungswürdig aus. Aber hatte ein witziges Teddybärgesicht. Und ich war mir sicher, dass sie sich prima entwickeln würde und aus dem hässlichen Hundeentlein ein schöner, bezaubernder Hundeschwan werden würde. Beim anschließenden Spaziergang verzauberte sie mich dann endgültig. Sie war völlig unbeeindruckt von Joggern und Radfahrern, ich erschrak mehr über die vorbei ratternde U-Bahn als sie und selbst die ausgedachten Tests überstand sie spielerisch.

Ich hatte mir vorher überlegt, wie ich die für mich wichtigen „inneren Werte" ausprobieren kann. Drei Tests hatte ich dafür vorbereitet.

Eigentlich ein No-Go bei fremden Hunden: Trotzdem, als Emma ein Stöckchen im Maul trug, nahm ich es einfach ab. Sie ließ bereitwillig los. Ich gab ihr den Stock zurück. Das Spiel wiederholten wir einige Male.

Sie krauste noch nicht einmal die Nase, geschweige denn, dass sie knurrte oder sich abwandte. Test bestanden, denn ich wollte sichergehen, dass sie auch fremden Personen gegenüber kein aggressives Verhalten zeigt, auch wenn sich die Person nicht angemessen dem Hund gegenüber verhält.

Ich nahm sie hoch und stellte sie auf eine Bank. Sie blieb einfach stehen. Auch dies war für mich wichtig, da ich sie später ja auf Tische oder Betten stellen wollte, ohne dass sie sofort runterspringt. Test ebenfalls bestanden.

Der wahrscheinlich verrückteste Test: Ich wedelte mit meiner Hand nah vor ihrem Gesicht herum, um eine Spastik anzudeuten. Sie scheute nicht, schreckte nicht zurück, lief nicht weg.... Sie schaute einfach. Ich bin mir sicher, dass sie in diesem Moment ein Stoßgebet zum Himmel schickte: „Lieber Gott, bitte nicht zu der. Die ist ja völlig durchgeknallt!"

Allerdings erhört der liebe Gott nicht jede Bitte. Wenn ich es so überlege: Was Gott in meinem Leben mit mir so vorhatte, war mir ja auch nicht sofort klar. Und ich hätte bestimmt auch vorher dankend abgewunken, wenn er mir das ein oder andere vorher verraten hätte. Aber wie sagt man in der Kirche so schön: „Jeder Mensch hat seine Berufung." Ein schöner Gedanke: Jeder Mensch ist grundsätzlich ins Leben gerufen, über dem Leben eines jeden Menschen steht das Ja Gottes. Und in einem weiteren Schritt heißt Berufung: Jeder hat den Auftrag, an dieser Welt mitzubauen. Auch wenn er selber davon erst einmal nichts weiß. Oder auch nichts davon wissen will. Das Alte Testament kennt einige, die am liebsten von ihrer Berufung weggelaufen wären: Ezechiel, Bileam und wie sie alle heißen. Aber das Weglaufen klappt nur in den seltensten Fällen. Denn Gott kann sehr hartnäckig sein.

Diese Eigenschaft hat mir Gott auch in die Wiege gelegt und so machte ich deutlich, dass genau dieser Hund mein Hund werden sollte. Und schließlich willigte der Leiter ein. Okay, sie würden mir den Hund bringen, sie müsste noch eine Impfung bekommen, dann sei sie soweit und ich könne sie sogar in den geplanten Urlaub nach Italien mitnehmen.

Eine Woche später wurde Emma gebracht. Eigentlich wird das neue Zuhause vorher schon genau unter die Lupe genommen. Da Paderborn aber doch so weit war und die Arbeit von Ehrenamtlichen übernommen wird, wurde die Überprüfung mit der Überführung des Hundes zusammengelegt. Ich hatte meinen Test auch bestanden und Emma durfte bleiben!

Eine Woche bis zum Urlaub. Zur Arbeit wollte ich sie noch nicht mitnehmen. Sie sollte sich erst einmal an mich gewöhnen. Unterstützt wurde ich von meinem Patenkind, die gerade zu Besuch war und auf Emma aufpasste, wenn ich bei der Arbeit war. Emma hatte aber mit der Umstellung wohl keine Probleme. Schon am ersten Abend lag sie neben mir auf dem Sofa, rollte sich auf den Rücken und ließ sich den Bauch kraulen.

Das rechte Maß

Seit Sommer 2016 gehe ich mit Emma in den heilpädagogischen Kindergarten. In diesem Kindergarten sind Kinder mit Entwicklungsstörungen, Sprachverzögerungen und körperlichen Defiziten.
Hier im Kindergarten ist Emma der Hit. Alle Kinder freuen sich und rufen sofort ihren Namen, auch wenn gerade die türkischstämmigen Kinder räumlich Abstand halten. Andere dafür wollen sofort streicheln, an die Rute fassen oder mit den Fingern in Emmas Ohren bohren. Keine Frage, hier muss Emma vor zu viel „Zuwendung" geschützt werden. Das gelingt dadurch, dass ich immer wieder erkläre, was Emma mag oder auch nicht mag. Und wenn auch nicht beim ersten Mal, so trägt das nach und nach Früchte. Ich sehe das auch gerne als Prophylaxe für Hundebegegnungen in der Stadt. Alle haben mittlerweile gelernt, dass Emmas Decke ihre Rückzugsmöglichkeit ist und damit ein Tabu für alle Kinder und streichelwilligen Hände. Sie hat dann „Pause".
Emmas Besuch ist immer ein Höhepunkt in der Woche. Die Kinder dürfen sie in der Morgenrunde rufen, um ihr ein Leckerchen zu geben. Sie können selber entscheiden, ob sie das Futterstückchen aus der Hand verfüttern oder auf den Boden legen. Sehr beliebt ist

die Variante, das Stückchen auf das Knie zu legen. Dabei müssen die Kinder selber sehr konzentriert und ruhig sein, damit es nicht gleich wieder runterpurzelt. Emma muss auch ganz bei der Sache sein, denn sie darf natürlich nicht sofort loslaufen, sondern muss auf ihrer Decke geduldig abwarten, bis das Kind sie ruft und ich das „OK" gebe.

Mit ihr illustriere ich auch biblische Geschichten. So habe ich z. B. die Geschichte vom guten Hirten erzählt. Wir versuchten zu klären, welche Aufgaben ein Hirte denn hat: „Auf die Schafe aufpassen ..." „... damit sie nicht weglaufen ..."

Und dann war das Pulver erst einmal verschossen. „Der Hirte muss ein Schaf, das krank ist, auch tragen..." versuchte ich gerade zu erklären, als Emma sich streckte und gähnte. Ein Kind rief: „Emma sieht aus wie ein Schaf." Geistesblitz! „Stimmt. Und jetzt zeige ich euch, wie ein Hirte sein Schaf trägt!" Und so kam ein Trick zum Tragen, den ich eigentlich für unwegsames Gelände in den Bergen eingeübt hatte. Ich gehe in die Hocke, schlage auf meine Schulter und Emma springt auf meinen Rücken. Dann hakt sie ihre Vorderpfoten auf meiner Schulter ein, ich stütze ihre Hinterläufe mit einem Arm – und dann kann ich mit ihr auf der Schulter durch den Raum gehen. Das war natürlich der Hit und ich glaube, wenn die Geschich-

te vom guten Hirten noch einmal erzählt wird, dann wird sofort Emma vor den Augen erscheinen.

Aber auch sonst, selbst wenn Emma keine bestimmte Aufgabe hat, wenn sie dabei ist, sind die Kinder viel ruhiger. Niemand will, das Emma Angst bekommt oder sich erschreckt. Solange sie also ruhig liegt oder sitzt, ist alles OK. Wenn sie aber plötzlich aufsteht, dann muss ich mit den Kindern überlegen, was wohl passiert ist. Mittlerweile wissen die Kinder das und irgendjemand weist darauf hin, dass Emma unruhig wird. Und als Gegenmaßnahme werden wir dann alle ruhig und warten, bis Emma sich wieder hinlegt.

Obwohl ich das mit Emma nie „abgesprochen" habe, klappt das hervorragend. Selbst bei den Kleinsten und Unruhigsten „wirkt" sie. Emma unterscheidet allerdings zwischen dem individuellen Bewegungsdrang, spastischen Bewegungen, Lautierungen oder aggressiven, mutwillig störenden Schreien oder Bewegungen. Wie sie das macht, ist mir ein Rätsel, aber es klappt hervorragend. Emma ist einfach ein Natur-talent – und sensibel genug für dieses Verhalten. Und ich stolze Hundemutti. Selbstredend ist da aber auch, dass sie diesen Situationen nicht unendlich lang ausgesetzt wird.
Wie immer im Leben kommt es auf das rechte Maß an. Emma ist sehr willig, aber mehr als zweimal die Woche wären einfach zu viel. Dann zeigt ihr Gesicht deutlich diesen fragenden Blick: „Muss ich jetzt?" Das ist für mich ein Zeichen, ihr erst einmal wieder Ruhe zu gönnen. Ich möchte ihr die Arbeit nicht verleiden. Um weiterhin Spaß an und mit den Kindern zu haben, will diese Aufgabe gut dosiert sein. Wie sagt schon ein Sprichwort: „Nichts ist schwerer zu ertragen als eine Reihe von Feiertagen!" Ein Stück Sahnetorte ist lecker und verdirbt nicht sofort die Diät. Eine ganze Torte schon. Und sie zu essen kann sogar zur Qual werden. Daher ist es meine Aufgabe, genau auf die Situation zu achten und Überforderungen auf beiden Seiten entgegenzuwirken.

Offensichtlich klappt das sehr gut. Wie sehr Emma geliebt wird, zeigt eine kleine Episode. Ein Schulkind hat an seinem letzten Kindergartentag kleine Abschiedsgeschenke für die Mitarbeiter und Mitarbeiterinnen. Wirklich nur eine Kleinigkeit, aber liebevoll verpackt mit einer kleinen Geschichte dabei. Auf meinem Päckchen klebt ein kleines Frolicstück mit dem Hinweis „für Emma".

Kollegin mit vier Pfoten

Ich glaube, der Dienstag ist Emmas Lieblingstag. Da gehen wir in eines der Wohnhäuser, das ich als Behindertenseelsorgerin betreue und besuchen Bewohner, sprechen mit den Mitarbeitern und vieles mehr. Und – aus Emmas Sicht – gehen lecker essen.
Aber von vorn: In diesem Wohnhaus lebt eine junge Frau, die aufgrund ihrer geistigen Behinderung nicht in der Lage ist, sich verbal gut auszudrücken. Ich habe lange gebraucht, bis ich ansatzweise verstanden habe, was sie meint, wenn sie etwas sagt. Auch heute noch brauche ich manchmal Übersetzungshilfe.
Diese junge Frau hatte panische Angst vor Hunden. Wenn ihr in der Stadt ein Hund entgegenkam, lief sie schreiend über die Straße, egal, ob ein Auto kam oder nicht. Eine gefährliche Situation! Aber niemand wusste sich Rat, außer frühzeitig die Straßenseite zu wechseln. Was aber nicht immer möglich ist.
Jetzt kam ich mit Emma in das Wohnhaus. Und die junge Frau – ich nenne sie Helga – machte einen großen Bogen um den Hund, war aber gleichzeitig von Emma angezogen. Sie lernte den Namen und wollte gerne mit uns spazieren gehen. Das war etwas schwierig, denn wenn Emma nur einen Schritt auf sie zumachte, fing sie an zu schreien und wollte weglaufen.

Also haben wir ein „Indoor-Programm" gestartet. Regelmäßig besuchen wir Helga. Wir setzen uns in den Wohnraum, Helga auf dem einen Sofa, Emma und ich auf dem anderen. Beide Sofas stehen eng im rechten Winkel zueinander. Helga hat viel Spaß daran, Emma zu füttern. Am Anfang warf sie ihr die Futterbröckchen zu. Emmas Aufgabe besteht darin, auf dem Sofa zu sitzen und wenn möglich die Bröckchen aufzufangen oder auf dem Sofa zu suchen. Fällt einmal ein Stück daneben und auf dem Boden, darf sie nicht sofort runterspringen, sondern erst wird Helga gefragt, ob das OK ist. Nur wenn die junge Frau zustimmt, darf Emma vom Sofa runter und am Boden auf Futtersuche gehen.

Anfangs zog Helga die Beine hoch, fing wieder an zu schreien, beruhigte sich aber schnell.

Mittlerweile sind wir schon dazu übergegangen, dass Emma und Helga ganz nah beieinander auf ihren Sofas sitzen. Hin und wieder streichelt Helga das weiße Fell. Anfangs musste ich Emmas Kopf dazu festhalten, fast in einen Schwitzkasten nehmen. Jetzt reicht es, wenn ich Emma mit etwas Futter ablenke. Anfangs habe ich gefragt, ob Helga Emma streicheln will, jetzt spricht Helga es selber an, dass sie streicheln möchte. Insgesamt hat sich der räumliche Abstand sehr verringert. Seit neuestem wird Emma ganz vornehm mit

einem Suppenlöffel gefüttert, Bröckchen für Bröckchen. Beiden macht es Spaß. Auch andere Bewohner der WG oder des Hauses kommen hin und wieder dazu, um zu beobachten oder selber mitzufüttern. Helga fragt regelmäßig nach, ob Emma kommt. Sie weiß genau den Tag und wartet schon immer auf uns. Auch in der Stadt hat sich das Verhalten geändert. Sieht sie einen Hund, fragt sie „Emma?". Auch wenn die Antwort negativ ist, sie geht im respektvollen Abstand am Hund vorbei und läuft nicht mehr über die Straße.

Ich finde, ein großer Erfolg und ein Stück mehr Lebensqualität für Helga.
Meine Aufgabe als Seelsorgerin sehe ich nicht nur darin, fromme Worte zu sprechen, sondern auch, das Leben positiv zu unterstützen. Für den einen mag das ein Gespräch sein, für den nächsten ein gemeinsamer Einkauf, für den anderen der Besuch der Kirche, um eine Kerze anzuzünden. Für Helga ist es das Emma-füttern-Programm.
In meinem Seelsorgekonzept, was ich vor Jahren geschrieben habe, habe ich nach passenden Bibelversen gesucht, die das ausdrücken, was ich machen will. Ganz wichtig ist mir dabei der Paulussatz aus dem zweiten Korintherbrief: „Wir wollen ja nicht Herren über euren Glauben sein, sondern wir sind Helfer zu eurer Freude" (1. Kapitel, Vers 24).
Letztendlich weiß ja jeder nur für sich, was und wie er / sie glaubt. Ebenso, was ihm / ihr Freude macht. Die Botschaft Jesu ist da aber ganz eindeutig: Das Evangelium, also die Frohe Botschaft soll genau das: froh machen, Freude bringen. Wie die Wege zu dieser Freude aussehen, bleibt der Fantasie und dem Charisma des Überbringers überlassen.
In diesem Sinne darf Emma Dienstag immer ganz vornehm (fr)essen.

Biophilie? Biophilie!

Welch ein Wort! Und die Grundlage dessen, was mit Menschen geschieht, wenn sie einen Welpen oder ein anderes Jungtier sehen. Kaum jemand kann sich dem tapsigen Charme, dem Kindchenschema und dem Kuschelfell entziehen. Warum ist das so?

Ganz einfach gesagt: Den Menschen zieht es zum Tier. Da hat jeder seine eigenen Vorlieben: Hund, Katze, Maus oder größer. Kleinkindern schenken wir Kuscheltiere aus Plüsch, später wünscht sich das Kind ein Tier, ein echtes.

Die Wissenschaft beantwortet die Frage nach dem Warum mit dem Begriff der Biophilie. Nach einer Definition von Edward O. Wilsen beschreibt dieser Begriff die evolutionär begründete Liebe und Affinität zu allem Lebendigen. Evolutionär, da der Mensch, seit er auf der Bildfläche dieser Welt erschienen ist, immer in Beziehung zu und mit Tieren lebte. Er jagte sie, pflegte aber wohl auch Jungtiere und zähmte sie. Noch vor einigen wenigen Generationen lebten die Menschen bei uns eng mit der Natur zusammen. Schaut man sich alte Bauernhäuser Ostwestfalens an, so fällt auf, dass Wohnbereich und Stall in einem Gebäude untergebracht waren. Menschen und Tiere lebten immer schon zusammen. Was sich veränderte,

war die Art und Weise, wie sich dieses Zusammenleben entwickelte.
Wenn ich mit meinem Hund spazieren gehe, erlebe ich das, was viele Hundehalter erleben: Der Hund ruft bei einem völlig fremden Menschen eine Reaktion hervor. Kinder wollen streicheln, Erwachsene lächeln einem zu (okay, manche gucken grimmig, weil der Hund gerade am Laternenpfahl sein Bein hebt ...), oft werde ich in ein Gespräch verwickelt, in dem ich über die Rasse, das Alter und vieles mehr ausgefragt werde. Ich antworte gerne, denn Emma gehört zu meinen Lieblingsthemen.
In meinem Beruf als Seelsorgerin habe ich viel mit Menschen mit geistiger und psychischer Behinderung zu tun. Emma war eine Zeitlang in den Werkstätten mit dabei. Und sie wurde zu einem Türöffner, wie ich ihn gern zu meiner Anfangszeit gehabt hätte. Ich kam ins Gespräch mit Menschen, die mich vorher einfach als „die Frau von der Kirche" abgetan hatten.
In der Bibel kommen fast auf jeder Seite des Alten Testamentes Tiere vor. Sie sind Sinnbild für Gott, den Menschen oder die Beziehungen untereinander. Liest man die ersten Kapitel der Genesis, dann kann man regelrecht spüren, dass die Biophilie gottgewollt ist. Der Mensch ist nicht die Krone der Schöpfung, er ist ein Teil davon. Er muss sich den gleichen Naturgeset-

zen unterwerfen, wie alle anderen Geschöpfe auch. Mensch und Tier erhalten den gleichen Vermehrungssegen und die Pflanzen als Nahrung. Sie sind beide von Gottes Lebensatem beseelt und beide aus Erde geformt. Dass der Mensch den Tieren Namen gibt, weist ebenfalls auf ein stark aufeinander bezogenes Dasein hin. Leider wurde – und wird – das erste Buch der Bibel mit seiner Schöpfungserzählung gerne genutzt, um die überragende Stellung des Menschen (auch) theologisch zu manifestieren und damit sein zerstörerisches Handeln den Tieren und der Natur gegenüber zu rechtfertigen. Dabei sind sich Theologen längst einig, dass der Auftrag, sich die Erde untertan zu machen (siehe Buch Genesis, Kapitel 1, Vers 28)

nichts mit Unterwerfung und Ausplünderung zu tun hat. Wer Herr über etwas ist, der hat nach biblischer Vorstellung Verantwortung für dessen Wohlergehen. Er soll Leben schützen und hüten und es nicht bedrohen oder nach eigenem Gutdünken aussortieren.
Auch später, in der Noah-Geschichte, werden Mensch und Tier vor der Flut gerettet. Gott setzt den Regenbogen über das Land, um „an Noah und an alle Wildtiere und an alles Vieh" zu denken (Buch Genesis, Kapitel 8, Vers 1).
Gott, Mensch und Tier werden zu Bundesgenossen. Biophilie, in der biblischen Tradition schon lange bekannt und von modernen Wissenschaftlern in eine andere Sprache gefasst.
Wo stehe ich mit meinem Umgang auch und vor allem mit Tieren? Dienen sie nur dem Zweck, mich zu unterhalten, mich zu ernähren und zu kleiden, oder nehme ich sie als Individuen mit eigenem Charakter und Seele wahr und bringe ihnen den daraus entstehenden Respekt entgegen? Bleibe ich darin theoretisch oder verändert das auch meinen Konsum: Weniger Fleisch, dafür aber aus artgerechter Haltung usw. Wie kann ich in meinem Leben der Schöpfung die Ehre erweisen, die ihr gebührt?

Der beste Freund des Menschen

Die Wissenschaftler sind sich nicht einig, wie viele tausend Jahre der Hund ein Gefährte des Menschen ist. Sie beziffern den Zeitraum zwischen 40 000 und 100 000 Jahren. Unumstritten ist allerdings, dass der Hund einer der ältesten, wenn nicht sogar das älteste Haustier ist. Wobei der Begriff etwas irreführend ist, denn damals wohnten Menschen noch nicht in Häusern.

Die ersten Hunde waren Nutztiere. Sie unterstützten den Menschen bei wichtigen Dingen wie der Jagd oder dem Hüten der Herden. So brachte jeder Landstrich und jede Kultur eigene Hundearten hervor: Hier benötigte man den langbeinigen, schnellen Jagdhund, der das Wild hetzte, dort den etwas kompakteren Hütehund, woanders den Haushund, der aggressiv „sein" Territorium verteidigte. Schon die frühen Ägypter züchteten spezielle Rassen und leisteten sich den Luxus eines reinen Begleit- und Schoßhundes.

Diese Vorüberlegungen stimmen mich als Theologin mit Hund froh, denke ich doch, dass der beste Freund des Menschen auch gut und häufig in der Bibel zu finden ist. Weit gefehlt!

Zwar kommt auf fast jeder Seite des Alten Testamentes ein Tier vor, der Hund selber taucht aber vergleichsweise selten auf. Ich habe mich einmal an eine kleine Statistik gewagt und in der Konkordanz, also einem alphabetischen Verzeichnis aller Wörter, die in der Bibel vorkommen, nachgezählt:

Schafe:	170
Lämmer:	113
Löwe:	103
Pferd:	72
Hund:	35
Schlange:	30

Der Hund und sein Ahn, der Wolf, kommen rein zahlenmäßig schlecht weg. Auch der Kontext lässt nichts Gutes ahnen.

Schon die erste Stelle, an der ein Hund erwähnt wird, ist richtungsweisend: „Doch gegen keinen der Israeliten wird auch nur ein Hund die Zähne fletschen, weder gegen Mensch noch Vieh; denn ihr sollt wissen, dass Jahwe zwischen Ägypten und Israel einen Unterschied macht" (Buch Exodus, Kapitel 11, Vers 7). Schaut man nur auf das Bild des Hundes, so wird er als lebensbedrohlich für Mensch und Vieh dargestellt. Und es wird klar gemacht, dass Jahwe sein Volk vor diesen Bestien schützen wird, im Gegensatz zum Nachbarn Ägypten, die weiterhin dieser Gefahr ausgesetzt sein werden. Noch bedrohlicher wird es, wenn gleich mehrere Hunde auftauchen: „Wer vom Haus Jerobeam in der Stadt stirbt, den werden die Hunde fressen" (erstes Buch der Könige, Kapitel 14, Vers 11a). Eine weitere Textstelle, dass Hunde nicht nur gefährlich, sondern auch nach jüdischen Denken unrein sind: „Wie ein Hund, der zurückkehrt zu dem, was er erbrochen hat, so ist ein Tor, der seine Dummheit wiederholt." (Buch der Sprüche, Kapitel 26, Vers 11). Welcher Hundebesitzer kennt es nicht, dass Hunde ihr Erbrochenes aufschlecken oder noch üblere Dinge zu sich nehmen, sich gerne im Kot anderer Tiere wälzen und Aas fressen. Damit macht sich der Hund nach dem jüdischen Denken unrein: der Kontakt zu Kot, Aas, Blut und Erbrochenen ist ein Tabu. Durch den Kontakt zu einem Hund, der eben solches frisst, macht sich der Mensch selber unrein und ist von den rituellen Handlungen ausgeschlossen. Dieser Gefahr – die fast größer ist, als die tatsächliche Gefährdung durch Bisse etc. – setzte sich offensichtlich kein frommer Jude freiwillig aus. Oder?

Versöhnlich stimmen mich als Hundeliebhaberin zwei Textstellen. Die eine lesen wir bei Jesaja, der aber sonst auch kein gutes Haar an Hunden lässt: „Man opfert Rinder – und erschlägt Menschen; man opfert Schafe – und erwürgt Hunde; ..." (Buch des Propheten Jesaja, Kapitel 66, Vers 3a). Hier geht es um die Endzeit. Die Gräueltaten der Menschen werden aufgezählt und entsprechend geahndet. Dazu gehört das Erwürgen der Hunde ebenso wie das Erschlagen der Menschen. Sollte dies ein Hinweis auf die Würde und den Respekt sein, den Gott für alle seine Schöpfung erwiesen haben will?

Ein Highlight der Hundeliebe ist in Tobit zu finden: „ ....und der Hund des jungen Tobias lief mit" (Buch Tobit, Kapitel 5, Vers 17). Kurz, knapp und fast zu überlesen. Hurra, es gibt sie doch, die treuen Gefährten des Menschen. Auch die Bibel hat Platz für eine gute Mensch-Hund-Beziehung.

Bei all den Grässlichkeiten, die im Alten Testament den Hunden zugeschrieben werden, versöhnt mich dieser kleine Nebensatz. Offensichtlich war er so wichtig, dass er unbedingt in das Buch Tobit aufgenommen werden musste. Ganz ehrlich, stünde er nicht dort, es würde niemanden auffallen, dass etwas fehlt.

Dass wir in unseren Breitengraden so auf den Hund gekommen sind, hängt wohl mit unseren keltisch-germanischen Vorfahren zusammen. Dort war der Hund ein angesehener Gefährte, der ganz selbstverständlich im Haushalt mit lebte. Berüchtigt waren die großen Hunde, die die Germanen bei Kriegszügen begleiteten. Aber auch Hütehunde und Hofhunde waren geschätzt, sicherten sie doch den Besitz.

Da schlägt bei mir doch das germanisch verwurzelte Herz für den Hund, ganz besonders für meine Emma. Aber meine jüdisch-christliche Seite applaudiert nicht gerade begeistert, wenn sie sich auf einem Güllefeld wälzt, Scheiße frisst oder in der Stadt zum Staubsauger für alles annähernd Fressbare mutiert. Und trotzdem liebe ich sie und würde sie nicht wieder hergeben. Zur Not hilft ein Stoßgebet, leises Fluchen und eine Dusche für den Hund.

Und das Kopfkissen ist und bleibt für den Hund tabu!

Tiere im Gottesdienst

Bildliche Darstellungen zeigen: Tiere in der Kirche gab es immer schon. Wenn man vielleicht auch zugutehalten muss, dass so mancher Maler Tiere, vor allem Hunde eingeflochten haben, um eine gewisse Spannung in das Bild zu fügen, so weisen doch Verbote und Verfügungen darauf hin, dass Hunde ihren Besitzer auch in den Gottesdienst gefolgt sind. Auf die daraus gegebenen Störungen durch Raufereien wurde mit solchen Verfügungen reagiert. Diese Praxis war vor allem in den noch banklosen Kirchen Usus. Das Verhalten auch im Kirchenraum war ein grundlegend anderes als wir es heute kennen. Gerade in großen Kirchen, Domen und Kathedralen war es üblich, während des Gottesdienstes herumzugehen, ein Schwätzchen zu halten. Das Klingen der Schellen bei den Wandlungsworten der Messe, so wie wir es auch heute noch kennen, hatte die Aufgabe, die Konzentration der Anwesenden zu bündeln und ihre Aufmerksamkeit zu gewinnen. Dann wandten sich die Besucher dem Altar zu, um mit den Augen die Kommunion zu empfangen, sprich sie andächtig anzuschauen. Ein häufiger Kommuniongang war unüblich, diese Augenkommunion die Regel. Nach den Wandlungsworten wandte man sich wieder anderen Dingen zu.

Der Gottesdienst wurde zu einem „Event“, in dem sich Verliebte genauso trafen wie Geschäftsleute Verträge abwickelten.
Aus dieser Zeit rühren auch Traditionen, Tiere bewusst mit in den Kirchenraum zu nehmen, Traditionen, die bis in die heutige Zeit ausgeübt werden.
Bestes Beispiel: die Hühner von Santo Domingo de la Calzada, einem Ort auf dem Jakobsweg (Camino frances) in Spanien. Die Legende erzählt: Ein gehängter junger Pilger wird auf wundersame Weise gerettet. Der darauf angesprochene Richter glaubt das nicht, sondern antwortet: „Er ist so tot wie die Hühner auf meinem Teller.“ Worauf sich die gebratenen Hühner flatternd erheben und davonfliegen. Seitdem findet man in der Kathedrale auf der Empore einen Hühnerstall, der bis in die heutige Zeit bewohnt ist.
Beim Palio in Siena ist es üblich, dass das Rennpferd vor dem Rennen in der entsprechenden Kirche gesegnet wird. Dazu wird es in die Kirche hineingeführt.
Und ein Beispiel finde ich besonders bewegend: Der Wolf von Gubbio, der Wolf aus der Franziskuslegende, liegt in der Krypta einer Kapelle in Gubbio begraben.
In vielen Gemeinden finden im Oktober Tiersegnung oder Tiergottesdienste statt. Hier ist jeder eingeladen, sein Haustier mit in die Kirche zu nehmen. Anlass ist der Gedenktag des heiligen Franz von Assisi.

Im Jahr 2014 wurde in Dortmund sogar ein Mensch-und-Tier-Kirchentag veranstaltet, an dem – ganz selbstverständlich – auch Tiere in den Gottesdienstraum mitgebracht wurden. Dieser Kirchentag, der von einer evangelischen Gemeinde veranstaltet wurde, soll in einigen Jahren (ökumenisch) wiederholt werden.

Tiersegnungsgottesdienste haben in der katholischen Kirche eine lange Tradition. Häufig stammen sie aus dem bäuerlichen Leben, z. B. zum Viehtrieb auf die Sommeralm o. ä. Im Benediktionale, dem Buch der Segensfeiern für verschiedene Anlässe, sind Tiersegnungen ausdrücklich vorgesehen und es gibt spezielle Gebetstexte. In der evangelischen Kirche werden jetzt auch Tiersegnungsgottesdienste gefeiert.

Brauchen Tiere den Segen? Das lateinische Wort für Segen lautet „benedicio“ und bedeutet: „von jemanden gut sprechen“. Wenn ich jemanden oder etwas unter einen Segen stelle, dann möchte ich, dass Gott sich dieser Person oder diesem Gegenstand besonders annimmt. Im Grunde genommen brauchen Tiere diesen Segen nicht. Sie sind bereits durch ihre Gottunmittelbarkeit gesegnet und stehen in einer besonderen Beziehung zum Schöpfer. Aber der Ritus kann uns Menschen helfen, die Tiere noch einmal besonders wahrzunehmen.

Was den Kirchenbesuch angeht, halten beide großen Kirchen fest, dass Behindertenbegleithunde in jedem Gottesdienst willkommen sind. Leider habe ich selbst diese Praxis noch nicht beobachten können.
Auch wenn man der Anwesenheit von Tieren im Gottesdienstraum Kirche positiv gegenübersteht, so stellt sich die Frage, ob dieser Raum und unsere Art und Weise, Gottesdienst zu feiern einem Tier angemessen ist. So stellen z. B. das laute Orgelspiel und Weihrauch eine hohe Belastung für Tiere dar, die aufgrund ihres feineren Gehörs und der sensibleren Nase eher Stress als Besinnung und Entspannung ausgesetzt wären. In Gruppengottesdiensten allerdings, wo die Geräuschkulisse geringer ist, wäre die Anwesenheit möglich, vielleicht sogar wünschenswert, wenn die Liturgie/ Zeremonie den Bedürfnissen des Tieres angepasst werden. Diese Anpassung könnte auch wieder den Menschen zugutekommen. Ich erinnere mich an einen Jungen mit geistiger Behinderung, dessen Gottesdienstbesuche in einer „normalen Messfeier" immer im wahrsten Sinne des Wortes „in die Hose" gingen. Bei den lauten Tönen der Orgel erschrak er jedes Mal und entwickelte so fast eine Aversion gegen den Kirchenraum. Hier wäre eine tierfreundliche Liturgie auch eine menschenfreundliche gewesen.

Bei Gottesdiensten in den Werkstätten für Menschen mit Behinderung, die in Speisesälen oder Gymnastikräumen stattfinden, ist meine Hündin Emma ganz selbstverständlich mit dabei. Sie legt sich entspannt in den Gitarrenkoffer schlafen. Offenbar sind Gebete, Lesungen und Lieder nicht störend!

Emma im Gottesdienst

Seit Sommer 2017 besucht Emma die Demenzgottesdienste in einem Seniorenwohnhaus. Ursprünglich war das so nicht geplant, aber das warme Wetter ließ es nicht zu, dass Emma im Auto bleiben konnte.
Also stellte ich etwas unsicher die Frage: Kann ich Emma mitbringen? Aber natürlich! Schließlich sind Bewohner und Mitarbeiter an einen Hund gewöhnt. Priska, die schwarze Labradorhündin der Leiterin, ist im Arbeitsgeschirr immer anwesend und offensichtlich bei allen beliebt. Eine tolle Vorlage für Emma und mich.
Und so brachte ich Emma mit ins Wohnhaus. Dass Emma eine sehr eigenständige – oder sollte man sagen eigensinnige? – Dame ist, zeigte sich dann schon während der Vorbereitung auf den Gottesdienst. Ich hatte mir überlegt, sie in der Sakristei zu lassen. Die Tür sollte dabei offen bleiben, dass sie mich zumindest hören könnte. Nix da, Emmas Lieblingsstelle in der Bibel ist offensichtlich aus dem Buch Rut: „Da wo du bist, will auch ich sein..." Also legte ich nach kurzer Bedenkzeit die Decke neben die Sakristeitür.
Und dann begann ein Ritual, das Emma bis heute beibehalten hat:

Während ich die Teilnehmerinnen des Gottesdienstes persönlich mit Handschlag begrüße, inspiziert Emma die kleine Kapelle. Wird alles für sicher und gottesdiensttauglich befunden, schleicht sie zur Decke, rollt sich zusammen und mit einem Brummseufzer gibt sie mir den Startschuss. Jetzt darf ich mit der Eröffnung des Gottesdienstes beginnen.

Dann liegt sie dort, verträumt die Lieder, Gebete und auch die Katechese interessiert sie nur mäßig. Wenn dann aber der Schlusssegen gesprochen ist, reckt und streckt sie sich und beginnt wieder ihre Runde, während ich alle Teilnehmer verabschiede.

Da ich drei Gottesdienste in Folge feiere, wird wieder der Raum inspiziert. Ich begrüße die neuen Teilnehmer, Emma legt sich auf ihren Platz, ein Brummseufzer, ...

Dieses Ritual halten wir beide nun einmal im Monat ein. Die Bewohner wundern sich gar nicht über den Hund im Gottesdienst. Priska scheint so normal in allen Bereichen des Lebens zu sein, dass Emma einfach nur wahrgenommen wird. Einige beobachten während des Gottesdienstes den Hund, andere beachten sie gar nicht.

Während es unter den Gottesdienstteilnehmern manchmal schon kleinere Auseinandersetzungen gibt („Jetzt singen Sie nicht so laut!" – „Hören Sie mal mit dem Stöhnen auf!"), war Emma noch nie Gegenstand einer Beschwerde.

Im letzten Monat wollte dann auch Priska am Gottesdienst teilnehmen. Sie lag bereits hinten im Eingangsbereich der Kapelle, während Emma ihren Platz am Altar bezog.

Beides ergibt ja durchaus Sinn, schließlich kennt Priska die Bewohnerinnen besser und Emma gehört als Hilfsseelsorgerin auf alle Fälle nach vorn. Und obwohl ich erst etwas unsicher war, ob ein Gottesdienst mit zwei Hunden möglich ist: Ich wurde positiv überrascht.

Beide lagen ruhig da, ganz entspannt. Manchmal bekam ich mit, wie eine den Kopf hob und die andere ansah. Die jeweils Angeschaute klopfte kurz mit dem Schwanz, so als wolle sie sagen: Jetzt nicht, aber gleich bin ich auch noch da. Jetzt nicht stören."

Ich weiß, da interpretiere ich viel rein. Aber warum hätten die beiden nicht aufeinander zugehen oder spielen wollen? Denn genau das machten sie in den Wechselpausen. Da wurde ausgiebig das Schnauzenspiel gespielt, gehüpft und gesprungen. Als es mir zu viel wurde, ließ ich ein kleines Donnerwetter ab: „In der Kirche wird nicht gespielt!" Beide Hunde sahen mich an – und liefen in den Vorraum, um dort fröhlich weiter zu spielen. Und als sie merkten, dass es

jetzt mit der nächsten Feier weitergeht, trotteten sie beide wieder in die Kapelle: Priska legte sich an den Eingang, Emma wieder auf ihre Decke.
Für mich war das eine ganz großartige Erfahrung. Mich bestärkt dieses Erlebnis darin, auch von einer Spiritualität von Hunden (sicherlich auch anderen Tieren) zu sprechen. Beide Hunde waren ruhig und entspannt. Der Theologe Rainer Hagencord spricht davon, dass Tiere einen ganz besonderen Draht zu Gott haben. Sie sind durch keinen Sündenfall vom Paradies ausgeschlossen worden. So gesehen sind es für Tiere immer noch paradiesische Zustände, was ihre Gottesbeziehung angeht. Und diese Beziehung gibt es, sind sie doch gewollte und gesegnete Geschöpfe Gottes.

Beide Hunde hatten für theologische Gedankengänge kein Verständnis, spürten aber offensichtlich, wie wichtig diese Zeit für einige Teilnehmerinnen war und wie gesammelt und konzentriert sie waren. Beide Hunde wussten sich sehr wohl so zu benehmen, dass sich kein Mensch gestört fühlte. Die Atmosphäre war verändert. Alles schien mir viel entspannter und gelöster. Kurz: Mir taten diese drei Gottesdienste richtig gut und ich glaube, das war auch bei den anwesenden Bewohnern und Mitarbeitern so.
Ob Tiere den Gottesdienst brauchen? Wahrscheinlich nicht. Aber ich glaube, wir brauchen manchmal Tiere im Gottesdienst. Emma und Priska sind auf alle Fälle immer sehr willkommen.

„Was für schöne weiße Zähne er hat!"

Zahnpflege beim Hund ist ein Extrakapitel. Als Kind wollte ich nicht glauben, dass es spezielle Hundezahnbürsten gibt. Für mich waren Tiere beneidenswerte Geschöpfe, die sich nicht täglich die Zähne putzen mussten und niemals zum Zahnarzt gingen.

Mittlerweile gehört ein Fingerling zur Zahnpflege zu mindestens theoretisch in unsere Hundebox. Emma findet Zähne putzen genauso doof wie ich als Kind. Ich achte darauf, dass sie entsprechende Kaumaterialien bekommt. Bislang ist die Tierärztin mit ihrem Gebiss sehr zufrieden. Und so soll es auch bleiben.

Warum ich auf die Zähne komme? Weil Jesus selbst die Zähne eines toten Hundes bewundert.

Apropos: Jesus und die Tiere. Auch im Neuen Testament wimmelt es von ihnen, allerdings nicht mehr ganz so heftig. n den Evangelien werden Tiere gerne dazu genutzt, Gleichnisse zu erzählen oder Dämonen auszutreiben. Zu den bekanntesten „evangelischen" Tieren gehören wohl die Vögel auf dem Feld oder die Dämonen, die n eine Herde Schweine übergehen. Oder sie werden genutzt, um die Schriftworte der Propheten zu erfüllen, so wie beim Esel, den Jesus in die Stadt Jerusalem reitet. Persönliche Beziehungen zu Tieren finden sich nicht.

Allerdings wird erwähnt, dass Jesus vor seinem öffentlichen Auftreten für 40 Tage in die Wüste ging. Der Satz: „Er lebte bei den wilden Tieren..." (Markusevangelium, Kapitel 1, Vers 13). kann da schnell überlesen werden.

Konkrete Angaben über Hunde finden sich auch kaum. Insgesamt siebenmal wird ein Hund erwähnt. Und, wie sollte es anders sein, kommt er wieder nicht gut weg: „Gebt das Heilige nicht den Hunden und werft eure Perlen nicht den Schweinen vor, denn sie könnten sie mit ihren Füßen zertreten und sich umwenden und euch zerreißen" (Matthäusevangelium, Kapitel 7, Vers 6).

Allerdings sticht im Evangelium auch eine schlagfertige Frau ins Auge: Sie ist eine Heidin, die aber von Jesus gehört hat und für ihre kranke Tochter um Heilung bittet. Sie wird von Jesus ziemlich schroff abgewiesen, lässt aber nicht locker: „Sie erwiderte ihm: Ja, du hast recht, Herr! Aber auch für die Hunde unter dem Tisch fällt etwas von dem Brot ab, das die Kinder essen" (Matthäusevangelium, Kapitel 15, Vers 27). Immerhin ein Hinweis, dass auch Hunde im Lebensraum einer phönizischen Frau eine Rolle spielen.

Über Jesus und seine Beziehung zu Tieren wissen wir nichts. Die Evangelien geben keine Hinweise darauf. Aber es gibt auch außerhalb der Bibel noch Geschichten über Jesus aus dem ersten Jahrhundert, die Apokryphen. Und darin zeigt sich, dass Jesus einen Blick für die Mitgeschöpfe hat: „Jesus ging mit seinen Aposteln an einem toten Hund vorbei, der schon stank. Die Apostel sagten: „Wie schrecklich stinkt dieser Hund!" Jesus erwiderte: „Was für schöne weiße Zähne er hat!" (Agraphon 189; Agraphone sind Aussprüche Jesu, die sich zwar in keinem Evangelium finden, wohl aber in der Urkirche bekannt waren und in anderen Texten, etwa in den Briefen des Apostels Paulus zitiert sind).

Ein in Verwesung begriffenes Tier ist keine Schönheit. Dazu kommt, dass sich Juden Aas nicht nähern dürfen, wenn sie nicht unrein werden wollen. Jesus übergeht diese Regelung nicht. Aber er sieht liebevoll auf den Kadaver, während seine Jünger sich voll Ekel abwenden. Jesus sieht die Schönheit, ein Detail, das selbst diesen toten Körper noch auszeichnet.

„Man sieht nur mit dem Herzen gut. Das Wesentliche ist für das Auge unsichtbar", sagt Antoine de Saint-Exupéry im „Kleinen Prinzen". So blickt Jesus mit seinem Herzen auf diesen Hund.

Wahrscheinlich blickt jeder Hundebesitzer ebenso mit dem Herzen auf seinen Hund. Da gibt es keine hässlichen Rassen oder Individuen. Emma zum Beispiel ist, was Rasseattribute, angeht wahrscheinlich keine Schönheit: Sie hat zu wenig Fell, schwarze Flecken auf rosa Haut, die durchscheinen, die Proportionen von Körper und Beinen stimmen nicht: zu lang und dünn ... Ein Außenstehender könnte vieles aufzählen. Eine Bekannte sagte mir einmal: „Wir wissen doch beide, dass Emma keine Schönheit ist." Mich traf dieser Satz. Obwohl ich objektiv gesehen ihr zustimmen musste. Allerdings: Wer sagt einer stolzen, frisch entbundenen Mutter, dass ihr Baby hässlich ist? Selbst wenn es objektiv so wäre, man würde wohlweislich den Mund halten. Schönheit liegt immer im Auge des Betrachters.

Emma ist ein wunderschöner Hund. Sie kann mit vielen hübschen Details aufwarten: zwei unterschiedliche Augen, die Haltung ihrer Ohren in den unterschiedlichen Situationen, ihr weißes Zottelgesicht, ihr Lächeln (ja, Emma lächelt!), und vieles mehr.

Und schöne, weiße Zähne hat sie auch.

Pilgern mit Hund

Ich bin häufig als Pilgerin unterwegs. Mal in Gruppen, die ich als Pilgerführerin (an)leite, mal allein, mal mit Freunden. Und meistens mit Hund.
Es gibt kluge Menschen, die Bücher über das Pilgern geschrieben haben, die davon abraten, Tiere mit auf den Pilgerweg zu nehmen. Hape Kerkeling rät sogar davon ab, den Ehepartner mitzunehmen. Also wirklich ganz allein los?
Pilgern mit Tieren hat Tradition. Wer es sich leisten konnte, ritt im Mittelalter und beginnender Neuzeit auf einem Pferd nach Santiago de Compostela oder anderswohin. Wer es sich nicht leisten konnte, ging zu Fuß, konnte sich aber vielleicht noch als „Luxus" einen Esel als Tragetier oder/ und Gefährten gönnen. Heutzutage wird Pilgern mit Esel wieder praktiziert. Warum sollen Menschen keine Hunde dabei gehabt haben? Als Gefährte, zum Schutz gegen wilde Tiere oder unheimliche Zeitgenossen? Und warum sollte das nicht auch heute noch eine Möglichkeit sein?
Was dagegen spricht: Klar, ein Pilgergefährte, sei es Mensch oder Tier, braucht Aufmerksamkeit. Aber mal ehrlich: Wer kann und will sich über Tage und Wochen nur mit sich selbst beschäftigen? Der Hund wird sein Futter, seine Decke und was

er sonst noch braucht, nicht allein tragen. Zumindest nicht, wenn er so klein wie Emma ist und kein Hunderucksack passen will. Das kann ich aber sportlich sehen oder als kleine Demutsübung. Die zwei Kilo machen den Kohl dann auch nicht fett. Vor allem, wenn ich sonst gut gepackt habe. Die Unterkünfte sind allerdings ein Problem. Nicht in alle Pilgerunterkünfte können Tiere hinein. Selbst Franziskanerklöster, deren Gründer ja eine „gewisse Tierverbundenheit" zugesprochen wird, lassen oft keine Hunde in die Unterkünfte. Da heißt es dann eventuell, einige Kilometer mehr oder weniger oder ganze Umwege zu gehen, damit beide, Mensch und Tier, ihr müdes Haupt betten können. Das muss vorher geplant werden.

Die Vorteile? Die überwiegen für mich ganz eindeutig. Zuerst einmal bin ich nicht allein. Es gibt immer wieder Situationen, wo der Hund mir Sicherheit geben kann, mich motiviert, weiter zu gehen oder eine Pause zu machen, bevor ich mich selbst überfordere. Wenn die Nächte und die Unterkünfte kalt und klamm sind, freuen sich Mensch und Hund über die Wärme, die man sich gegenseitig spendet.

Mit Emma zu pilgern, ist – natürlich – eine Freude. Wir sind zusammen unterwegs. Im AT wird berichtet, wie Tobias seinen Hund auf eine Reise mitnimmt. Und

das, obwohl der Engel Gottes ihn begleitet. Doppelt hält besser? Es ist auf alle Fälle gut, nicht allein unterwegs zu sein. Ein Gefährte, auch ein tierischer, kann daran erinnern, dass Gott seinen Zuspruch „Ich bin der Ich-bin-da" in allen Situationen aufrechterhält. So wie er das Volk Israel durch die Wüste begleitet hat, begleitet Gott mich auch durch die Höhen und Tiefen des Lebens. Manchmal gut spürbar, manchmal – sagen wir mal so – mit Abstand. Aber er ist da. Wenn es beim Pilgern darum geht, sein Leben auch spirituell wahrzunehmen, dann ist die Begleitung durch einen Hund ein Sinnbild für Gottes Begleitung.

Außerdem: Ohne Emma hätte ich so manche schöne Ecke nicht gefunden. Und einige Erfahrungen wären nicht so eindrücklich gewesen. Zum Beispiel auf dem Franziskusweg in Italien. Wir waren schon auf dem Weg von Assisi nach Rom, als wir einen Zwischenstopp in der „Romita" machten. Ein wiederaufgebautes Franziskanerkloster, in dem Pater Bernadino mit drei Abruzzenhunden lebt. Er lebt als Eremit, aber da zumindest von Frühjahr bis Herbst immer Gäste da sind, hält sich die Einsamkeit wohl in Grenzen. Emma spielte sofort mit den zwei jungen Rüden und zu dritt, später zu viert (Mama Abruzzenhund kam dann auch dazu) tollten sie durch das weitläufige Gelände. Wenn aber Pater Bernadino vor dem Abendbrot bzw. Frühstück die kleine Glocke der Kapelle anschlug, dann rannten die drei großen Wollknäuel sofort Richtung Kapelle.

Ich hatte mir schon Gedanken gemacht: Was mache ich mit Emma, wenn die Andacht ist und ich gerne dorthin will? Muss sie draußen bleiben? Bleibt sie allein auf dem Zimmer (als Tierschutzhund hatte sie mit dem Alleinbleiben ihre Probleme). Ich hatte mir viel zu viele Gedanken gemacht. Hier war es selbstverständlich, dass auch die Hunde in die Kapelle mitkamen. Sie lagen im Altarraum oder vor den Stufen, trotteten langsam von einem zum andern, um sich Streicheleinheiten zu holen – und sie störten nicht im Geringsten. Emma schaute sich um, rollte sich dann vor meinen Füßen zusammen, seufzte tief und döste vor sich hin. Ansprache, Gebete, Lieder, selbst das alte Harmonium wurde von den Hunden nicht beachtet. Eine friedliche, entspannte Atmosphäre. Einfach schön.

Pilgern mit Hund? Für mich ein unbedingtes „JA".

Franz und die Tiere

Eine Person in der Kirchengeschichte, die einen ganz besonderen Draht zur Schöpfung und zu den Tieren nachgesagt wird, ist Franz von Assisi. Geboren um 1181/1182 in Assisi, war er ein reicher Kaufmannssohn, der ein typisches Jet-Set-Leben führte, bis ihn die Gefangenschaft 1202 während der Kämpfe zwischen Assisi und Perugia zu einem Umdenken brachte. Als sein Vater ihn aus der Gefangenschaft freikaufte, war er körperlich krank und psychisch angeschlagen. Sein gewohntes Leben nahm er nicht mehr auf. Die endgültige Berufung zur Christusnachfolge verspürte er 1205 in der zerfallenen Kirche San Damiano, nahe Assisi. Dort hörte er eine Stimme, die zu ihm sagte: „Bau meine Kirche wieder auf." Und so machte sich Franz auf, die kleine Kirche Stein für Stein wieder aufzubauen. Auch die biblischen Texte nahm er wörtlich. Die Geschichte, in der Jesus seine Jünger ohne Vorratstasche, Schuhe oder Wanderstab aussendet (Matthäusevangelium, Kapitel 10, Verse 5 bis 12), wurde für ihn zum Grundstein seines spirituellen Lebens in Armut. Er verstand sich als Armer unter den Armen

Ebenso wörtlich nahm er den weiteren Sendungsauftrag Jesu, das Evangelium allen Geschöpfen zu verkündigen (Markusevangelium, Kapitel 16, Vers 15). Hieraus entwickelte sich sein Verständnis von der ganzen Schöpfung, das schließlich in seinem Sonnengesang mündete. In diesem Loblied auf Gott bezieht er die Schöpfung umfassend mit ein. Dabei bezeichnete er unter anderem Sonne und Mond, Feuer und Wasser als Bruder und Schwester.

Papst Franziskus würdigt das Wirken seines Namenspatrons folgendermaßen: „Er trat mit der gesamten Schöpfung in Verbindung und predigte sogar den Blumen und lud sie zum Lob des Herrn ein, wie wenn sie vernunftbegabte Wesen wären'. Seine Reaktion war weit mehr als eine intellektuelle Bewertung oder ein wirtschaftliches Kalkül, denn für ihn war jedes Geschöpf eine Schwester oder ein Bruder, ihm verbunden durch die Bande zärtlicher Liebe. Deshalb fühlte er sich berufen, alles zu hüten, was existiert" (Enzyklika Laudato si', Absatz 11). Der heilige Franziskus empfand sich als Seelsorger für alles und jeden, der eine Seele besitzt.

Die Sicht des Franziskus auf die Schöpfung war ganz besonders. Das wird auch in einigen Legenden deutlich. Eine beschreibt weniger die historische Realität, sondern erzählt eine Glaubenswahrheit, die dahinter steht. So wird über den Wolf von Gubbio erzählt, dass er Schafe und Ziegen riss und selbst Menschen töte-

te, sodass sich niemand mehr unbewaffnet aus der Stadt herauswagte. Vor der Stadtmauer trat Franziskus dem Wolf entgegen und schlug das Kreuzzeichen über der „Bestie“, die augenblicklich gezähmt zu sein schien. Dann redete Franz dem Wolf ins Gewissen. Im Namen Jesu Christi solle der Wolf aufhören, Beute zu schlagen, im Gegenzug würden die Menschen ihn füttern und pflegen. Der Wolf besiegelte diesen Vertrag, indem er seine Pfote in die Hand des Heiligen legte. In den folgenden Jahren wurde der Wolf von den Menschen versorgt. Als er schließlich starb, wurde er in einer eigens für ihn geschaffenen Krypta in einem Grab beerdigt.
Soweit die Legende. Mit diesem Blick scheinen mir zwei Aspekte bemerkenswert. So spricht Franz mit dem Wolf und dieser antwortet. Allerdings nicht, wie es in Legenden ja auch möglich wäre, in menschlichen Worten, sondern er reagiert durch seine Körpersprache. Er nickt, er legt seine Pfote in die Hand oder gibt durch andere Bewegungen zu verstehen, dass er die Rede des Franz versteht. Er bleibt Tier mit seiner eigenen Ausdrucksweise. Seiner Art wird Respekt gezeigt. Franz erkennt, dass der Wolf nicht anders kann, als Beute zu machen, um zu überleben. Er wertschätzt diese Art, zeigt aber eine andere Lösung auf. Hier wird deutlich, dass eine partnerschaftliche Verständigung

möglich ist. Der zweite Aspekt erschließt sich mir wie folgt: Franz bezeichnet den Wolf durchgängig als „Bruder". Damit erkennt er dessen Geschöpflichkeit an, stellt sich aber nicht über ihn. Er sieht Mensch und Tier ebenbürtig in der Liebe Gottes geschaffen und verhält sich ihm gegenüber auf Augenhöhe. Für ihn steht der Mensch nicht über dem Tier, sondern auf einer Ebene der Liebe Gottes. Andere Legenden, wie z.B. die von der Vogelpredigt zeigen deutlich, dass Franz seine Begegnungen mit Tieren auch als Reflexion seiner Haltung gegenüber der Schöpfung nutzt.

Als Franz 1223 in der Stadt Greccio zum ersten Mal die Weihnachtsszene nachspielen ließ, waren neben Maria und Josef, Hirten und Engeln auch Tiere im Stall. Traditionell gehören Ochs und Esel zum Krippenaufbau. Mit diesen Tieren bezieht sich Franz auf eine Stelle aus dem Alten Testament: „Ein Rind weiß, wem es gehört, und ein Esel kennt den Futtertrog seiner Herrschaft, aber Israel weiß nicht, mein Volk hat es nicht verstanden" (Buch des Propheten Jesaja, Kapitel 1, Vers 3).

Die Tiere wissen noch vor den Menschen um die Besonderheit dieses Kindes. Ochs und Esel wissen, zu wem sie gehören, auch wenn der Sohn Gottes als kleines, hilfloses Kind in einer ärmlichen Krippe liegt. Im Gegensatz dazu erkennen die Menschen den Messias nicht, selbst wenn er Wunder tut.

Es wird immer wieder berichtet, dass Franziskus Tiere als Schwestern oder Brüder bezeichnete. Vielleicht sollten wir diese Sichtweise wieder mehr in den Fokus rücken, nicht nur bei Heimtieren, auch bei Nutztieren. Danke, Franziskus, für diese Sichtweise, die erst jetzt lehramtlich in der Enzyklika „Laudato si'" gewürdigt und hervorgehoben wird.

Emma, Franziskus und die Predigt

Emmas erste Gottesdienstreihe benötigte intensiver Vorbereitung. Auch wenn ich jeden Gottesdienst intensiv vorbereite, so war es hier doch noch etwas mehr. Schließlich sollte Emma auf Fragen antworten können und begannen wir über einen Monat vorher mit dem Training.

Der Trick ist so einfach wie verblüffend: ich halte Emma beide Hände entgegen und stelle eine Frage. Durch kleine Gewichtsverlagerung in eine Richtung, zeige ich ihr an, welche Hand sie zu wählen hat. Das klappt in 90 % der Fälle, falls nicht etwas anderes dazwischen kommt.

Im Gottesdienst sollte sie ebenfalls auf Fragen antworten. So hatte ich als Evangelium ausgewählt: „Geht in alle Welt und erzählt allen Geschöpfen vom Evangelium" Matthäusevangelium 28, 19a. Zusammen mit Emma überlegte ich, wen Jesus mit „Geschöpfen" gemeint hätte. Das Gespräch entwickelte sich folgendermaßen:

„Meinte Jesus Menschen?" – Ja.

„Meinte Jesus Hunde?" – Ja.

„Meinte Jesus Kühe?" – Ja.

„Meinte Jesus Katzen?" – Nein.
Nein? Emma machte einfach nur deutlich, dass sie keine Katzen mag. Aber leider musste ich sie korrigieren: Wenn Jesus alle anderen vorher gemeint hatte, dann waren Katzen auch inbegriffen. Emma gab sich geschlagen.
Gemeinsam erzählten wir dann die Geschichte von Franziskus und dem Wolf von Gubbio.
„War es ein netter, lieber Wolf?" – Nein.
„Hat er etwa Menschen gebissen?" – Ja.
„Hat er Schafe gefressen?" – Ja.
„Hatte der Wolf Hunger?" – Ja.
„So wie du? Du hast doch auch immer Hunger!" – Ja.
„Würdest du auch Menschen beißen und Schafe fressen?" – Nein.
So näherten wir uns dem Ende der Katechese. Besser: So war es geplant. Aber natürlich spielten noch die 10 % Ablenkung eine Rolle. In dem einen Gottesdienst war es ein hilfreicher Ministrant, der die ganze Zeit mit der Leckerchentüte raschelte, sodass Emma ihn nicht aus den Augen ließ und ihre ganze Aufmerksamkeit ausschließlich auf ihn richtete. Da musste ich die meisten Fragen selber beantworten.
Oder in einem anderen Gottesdienst, der in einem Speisesaal stattfand, geschah aus Emmas Sicht ein Desaster: Sie lag schon im Gitarrenkoffer, als ein Be-

schäftigter ausprobieren wollte, was passiert, wenn man gegen den aufgestellten Deckel stößt. Nun, der Deckel kippt, Emma rettet sich aber noch aus dem Koffer. Dafür stand sie verstört und zitternd da. Keine Frage: Der Koffer war für diesen Gottesdienst tabu. Also legte ich meine Jacke als Decke auf den Boden, damit sie einen Ankerpunkt im Raum hatte. Aber Emma war so erschrocken, dass sie wohl am liebsten unter mein Gewand gekrochen wäre. Leider konnte ich das nicht möglich machen. Aber sie wich den ganzen Gottesdienst nicht von meiner Seite. Und Fragen beantworten ... Blöde Frage. Das ging natürlich auch nicht.

Zwei von acht Gottesdiensten verliefen anders als geplant. Und trotzdem gut. Ich habe viel gelernt, die Gottesdienstbesucher haben viel erlebt und gelernt und Emma sicherlich auch. Es wurde noch einmal ganz deutlich, dass es meistens anders kommt, als man denkt und plant. Wie sagt ein Sprichwort: „Der Mensch denkt, aber Gott lenkt." Hier war der Heilige Geist ganz heftig am Werke. Er zeigte deutlich, dass niemand alles genau vorweg planen kann. Und er zeigte auf, dass man alles machen kann, aber die Konsequenzen nicht absehbar sind. Die schönsten Regeln werden über Bord geworfen, wenn eine Situation unübersichtlich oder gar bedrohlich wird. Der

Beschäftigte wird wahrscheinlich den Gitarrenkofferdeckel nicht mehr einfach zuwerfen. Alle konnten sehen, wie ängstlich Emma reagierte. Auch wenn es mir für Emma Leid tut; dieser Lerneffekt wird sie vor anderen unüberlegten Handlungen vielleicht schützen. Interessant sind die Reaktionen, die wir bekommen haben. Viele fragen nach, wann Emma wieder mit in den Gottesdienst kommt. In der Fußgängerzone von Paderborn kann sie nicht mehr unerkannt an den Ecken schnüffeln, schnell kommt jemand, will sie streicheln und erzählt, er habe sie im Gottesdienst gesehen. Dabei wissen die meisten noch, dass Emma eine Geschichte mit einem Wolf erzählt hat. Das finde ich großartig, denn wie häufig hat man schon nach wenigen Stunden den Inhalt einer Predigt vergessen!

Ein amerikanischer Schauspieler hat einmal gesagt, man solle nie mit Kindern und Tieren zusammen arbeiten. Beide bekämen alle Aufmerksamkeit, man selber könne so gut sein, wie man wolle, das würde niemand mehr merken. Recht hat er. Emmas Predigt wirkt jetzt noch nach!
Ach ja: Emma legt sich wieder in den Gitarrenkoffer, den sie einige Tage gemieden hat. Jetzt kann sie wieder entspannt darin liegen. Sollte das mit den Gottesdiensten irgendwann nicht mehr klappen, steht uns eine Karriere als Straßenmusiker nichts mehr im Wege.

Spiritualität mit einem Hund

Dass Tiere spirituelle Wesen sind, den Geist Gottes in sich tragen, ist schon den Autoren des Alten Testamentes klar. Leider trat diese Auffassung immer mehr in den Hintergrund, bis sie verloren schien. Aber in jüngster Zeit werden Menschen und Theologen wieder aufmerksam auch auf diesen Wesenszug der Tiere. Wenn also Emma ein spirituelles Wesen ist und ich das auch von mir behaupte, können wir da voneinander und miteinander Spiritualität teilen? Was ist das dann und wie könnte es aussehen?

Ein Kennzeichen für Spiritualität ist für mich das Gebet. Seien es festgelegte Texte, Spontangebete oder auch einfach das Stillwerden vor Gott. Betet Emma, ja kann sie es überhaupt? Nun ja, beim Vater unser hat sie echte Schwierigkeiten. Aber ich glaube, dass sie da eher die Spur der Mystiker verfolgt, die sagen: Alles Leben ist Gebet. Alles, was ich tu, kann ein Gebet vor und zu Gott sein. Somit ist Emmas Leben Gebet und Gottvertrauen.

Dieses Vertrauen spiegelt sich auch in unserer Beziehung. Wenn etwas Emma erschreckt oder sie sich unwohl fühlt, sucht sie Schutz bei mir. Ich wiederum brauche einfach ihre Nähe um ebenfalls Wärme und Geborgenheit zu spüren. Wir geben uns gegenseitig

Sicherheit, so wie der Psalmist sagt: „Er beschirmt dich mit seinen Flügeln, unter seinen Schwingen findest du Zuflucht, Schild und Schutz ist dir seine Treue" (Psalm 91, Vers 4). Dieses Gefühl immer wieder zu erleben, hilft mir, mein Vertrauen in Gott zu setzen.

Bei Menschen mit psychischen Behinderungen erlebe ich immer wieder, dass gerade das Vertrauen in Gott und den Menschen sowie das Gefühl der Geborgenheit durch negative Erfahrungen oder die Erkrankung gestört ist. Auf Tiere gehen viele psychisch

Kranke selber vorurteilsfrei zu und suchen dort Nähe und Geborgenheit. Durch den Kontakt mit Tieren, die ihrerseits unvoreingenommen auf den Menschen zugehen, die ihnen Nähe geben, kann ein solches Vertrauen in kleinen Schritten wieder eingeübt und Geborgenheit erfahren werden. Somit kann ein Tier im wahrsten Sinne des Worten Seel-Sorger sein.
Wenn Gott in allem und alles in Gott ist, wie der Mystiker Nikolaus von Kues sagt, dann ist der „göttliche Funke" in allen Geschöpfen zu sehen und zu ehren. Daraus entspringt eine Haltung der Ehrfurcht vor dem Leben und allen Geschöpfen. Wer in dieser Ehrfurcht lebt, der wird in der letzten Konsequenz nicht umhin kommen, allen in Demut und Liebe zu begegnen und im Gottvertrauen heiter und froh zu leben.

Brauchen Tiere Kreuze?

Auf Pilgerwegen kann es vorkommen, dass Emma eine Muschel oder das Tau trägt, je nachdem, wo wir unterwegs sind. Ich kann nicht behaupten, dass sie diese Zeichen mit Stolz trägt. Es stört sie nicht und es kann vorkommen, dass sie diese Zeichen beim herumstromern im Gebüsch und beim Buddeln verliert. Ich als Mensch finde es aber schön, wenn eine Muschel signalisiert: Auch dieser Hund ist auf dem Jakobsweg unterwegs. Aber das ist mehr meine Geschichte als Emmas.

Aber wie wird es sein, wenn Emma einmal stirbt? Wo werde ich sie begraben? Was soll ihr Grab kennzeichnen? Soll ich ein Kreuz aufstellen, so wie es auch auf Tierfriedhöfen zu finden ist? Schließlich ist Emma nicht irgendein Hund, sondern meiner. Sie ist zu einem Familienmitglied geworden, prägt mit ihrer Persönlichkeit ihr Umfeld. So geht es Tausenden von Heimtierbesitzern. Das Tier gehört zum Leben, zur Familie. Und wie viele Menschen haben nur noch ein Tier als Lebenspartner? Was also, wenn nun dieses geliebte Tier stirbt?

Hier streiten sich die Gelehrten – und die Tierfreunde. Einerseits gibt es die Befürworter: Ja, ein Kreuz auf dem Grab ist gut und richtig. Schließlich kann das

Kreuz dem trauernden Besitzer helfen und Trost spenden, so wie es das auf einem Menschenfriedhof auch tut. Das Kreuz als Zeichen der Erlösung durch den Kreuzestod Jesu Christi gilt doch auch für Tiere. Schließlich hat Jesus auch ganz klar formuliert: „Geht hinaus in alle Welt und verkündet das Evangelium allen Kreaturen" (Markusevangelium, Kapitel 16, Vers 15). Da sind die Tiere einbegriffen. Warum dann kein Kreuz? Warum dann nicht auch eine christliche Beerdigung? Nun, das Tier ist natürlich kein Christ, aber die Besitzer wollen und können damit ein Zeichen setzen. Sie glauben sozusagen für das Tier mit. Und schließlich haben das Meerschweinchen, der Hund und die Katze ja ebenso eine Seele eingehaucht bekommen wie der Mensch selbst. Gott wird es nicht stören und den trauernden Besitzern kann es in ihrer Trauer helfen. Ein evangelischer Pfarrer berichtete in einer Fernsehsendung[1], dass er sich gut tierische Beerdigungen vorstellen kann. Er sieht dieses Ritual vor allem als Seelsorgeangebot für die trauernden Menschen. Der katholische Kollege lehnte dies kategorisch ab.

Denn die Gegenseite hat auch ihre an sich schlüssigen Argumente: Tiere brauchen das Kreuz nicht, weil sie der Erlösung Jesu nicht bedürfen. So schloss Gott nach der Sintflut mit Mensch und Tier einen Bund

(Buch Genesis, Kapitel 9, Vers 16). Während die Menschen den Bund durch ihre (Un)Taten immer wieder gebrochen haben, sind die Tiere nicht aus diesem Bündnis herausgefallen. Also sind sie von ihrem Wesen her näher bei Gott. Der Kreuzestod Jesu schließt sie nicht mit ein, denn sie brauchen diese Erlösung durch Jesus Tod nicht. Also auch kein Kreuz auf dem Hundegrab. Und eine christliche Beerdigung? Die setzt voraus, dass jemand Christ war. Eine bewusste Entscheidung zum Christentum ist bei einem Tier schwierig nachzuvollziehen. Wenn es aber der Religionsgemeinschaft nicht angehört, dann kann es auch nicht innerhalb der Religionsgemeinschaft rituell bestattet werden. In der katholischen Kirche stehen ja nicht die Angehörigen und Hinterbliebenen im Mittelpunkt des Ritus, sondern der Verstorbene selbst. Natürlich ist die Feier auch ein Trost und ein wichtiger Schritt in der Trauerbewältigung. Aber kann Trost nicht anders gespendet und der Trauer nicht anders begegnet werden?

Der katholische Moraltheologe Michael Rosenberger stellte in der Augustausgabe 2017 von „Stimmen der Zeit" fest, dass die christlichen Kirchen derzeit keine religiösen Tierbestattungen anbieten, allerdings es auch keine lehramtliche Stellungnahme dagegen gibt.

Tierfriedhöfe werden zahlreicher. Einige Friedhöfe lassen auch die Bestattung beim Herrchen oder Frauchen zu. Damit stehen wir in guter Tradition: schon die Ägypter ließen sich mit ihren Tieren begraben. Zahlreiche Hunde- und Katzenmumien zeugen davon, dass neben der Verehrung von Göttern in Tieren auch der Gefährte Hund, die Gefährtin Katze den Menschen über den Tod hinaus begleiten sollte.

Im Studium hörte ich immer wieder den Satz: „Man muss die Menschen dort abholen, wo sie stehen." Was bedeutet das für den Umgang mit einem verstorbenen Tier? Kann ich als Seelsorgerin es mit den Worten: „Es war doch nur ein Tier" abtun? Oder kann es auch pastorale Wege geben, der Trauer um den Verlust des besten Freunds Hund einen Rahmen und einen Ort zu geben? Könnte es eine seelsorgliche Aufgabe sein, den letzten Gang eines tierischen Lebensgefährten zu begleiten, am Grab ein paar Worte zu sprechen, ein Gebet zu formulieren und damit zu signalisieren: Ich sehe eure Trauer. Ich nehme sie ernst. Auch der Stellenwert des Geschöpfes wird noch einmal verdeutlicht.

Vielleicht können neue Rituale gefunden werden, der theologischen Auffassung mit dem Bedürfnis der Menschen übereinzubringen.

Machen wir uns nichts vor: Auch die Zahl der christlichen Beerdigungen nimmt immer mehr ab. Aber dem einen oder anderen Tierfreund wird eine spirituelle Unterstützung wichtig sein. Dürfen wir Seelsorger sie ihm verweigern?

Braucht Emma ein Kreuz? Ich glaube, es ist ihr herzlich egal. Die Frage wird irgendwann eher sein: Brauche ich es?

Ich bin doch keine Maschine

Dieser Liedtext von Tim Betzko steht als Überschrift über diesem Kapitel. Warum? Lest selbst: Ein Therapiebegleithund muss absolut gehorsam sein. So das Credo eines Ausbilders für Therapiebegleithunde. Ich hatte das für mich zweifelhafte Vergnügen, ein Wochenendseminar bei ihm zu belegen. Am Samstag war ich noch irritiert, am Sonntagabend froh, nur dieses Wochenende, aber noch nicht die ganze Ausbildung gezahlt zu haben.

Immer wieder hatte ich das Gefühl, die Hunde sollen für ihren Einsatz vollkommen dressiert werden. Alles nur mit Kommando. Ohne Kommando kein Aufstehen, noch nicht einmal ansehen oder mit der Schwanzspitze wedeln. Mir war sofort klar: Solch ein Hund ist Emma nicht. Es gibt Hunde, die zu solchen Verhalten fähig sind, Emma nicht. Sie hat ihre ganz eigene Vorstellung davon, was sie zu tun hat. Und ich war schon damals überzeugt, dass ein – ich nenn es mal so – intelligenter Ungehorsam sogar wünschenswert ist.

Und es stellt sich mir die Frage, ab der hier geforderte „absolute Gehorsam" wirklich der Weg zu einem partnerschaftlichen Verhältnis ist. Ein Beispiel, was mich zutiefst erschreckt hat, spielte sich auf diesem Seminar ab, das mich und später meinen Hund zu einem Therapiehundeteam ausbilden sollte. Da sprach der Leiter ständig davon, niemals, aber wirklich niemals Klienten mit einem Tier allein zu lassen. Schließlich könne man nie wissen, was das Tier in diesem unbeaufsichtigten Moment macht. Das konnte ich gut nachvollziehen. Ich würde meinen Hund niemals allein mit einem Klienten lassen, weil ich auch nicht wissen kann, was der Klient mit dem Hund macht!

Nach diesem Eintrichtern folgte eine Demonstration, was ein unbedingt gehorsamer Hund leisten kann. Der Australien Shepard legte sich nach Aufforderung auf die Seite. „Ihr könnt jetzt den Hund durch den Raum schieben. Bevor ich den Befehl nicht auflöse, regt er sich nicht." Sprachs, benannte einen „Schieber" und verschwand aus dem Raum.

Die erste Irritation: Warum lässt er uns mit seinen beiden Hunden allein, wo das doch so ein „NoGo" ist? Und das zweite: Der Hund wackelte wirklich noch nicht einmal mit den Ohren, als er von einer für ihn völlig fremden Person auf der Seite liegend durch den Raum geschoben wurde.

War diese Situation für den Hund angenehm? Ich vermute nicht. Wenn der Rudelführer den Hund allein lässt, wird der sich nicht wohlfühlen. Punkt. Ist das ein Verhalten, das ich von meinem Hund erwarte? Definitiv nein. Ich möchte, dass Emma intelligent genug ist, sich aus Situationen, die ihr unangenehm sind, zurückzuziehen. In diesem Fall: aufzustehen und sich unter einem Tisch oder Stuhl in Sicherheit bringen. Eine Übung aus dem Prüfungskatalog gab mir noch mehr Sicherheit in Bezug auf Fortführung des Seminars: Der Hund soll ohne Sichtweite abgelegt werden (heißt ins Platz gehen). Dann werden zwei unbekannte Personen kommen und den Hund anpöbeln. Der darf sich nicht provozieren lassen, sondern muss ruhig liegen bleiben. Davon mal abgesehen, dass mir selbst diese Übung wahrscheinlich nicht gelingen würde: Warum sollte mein Hund eine solche Situation aushalten? Warum darf er nicht das tun, was ich jedem Klienten raten würde: Zieh dich aus einer unangenehmen, bedrohlich wirkenden Situation zurück. Manchmal habe ich das Gefühl, Menschen geben ihr Gehirn in bestimmten Situationen ab. Nur weil jemand, der vermeintlich etwas zu sagen hat, eine Handlungsaufforderung formuliert, muss ich dieser nicht folgen. Und wenn ich auf die Idee komme, dass diese Aufforderung sogar Schaden bringt, darf, nein muss ich sie sogar unterlassen. Dieses Verhalten wird als Gewissen bezeichnet. Ich als mündige Bürgerin und als Christin darf und muss Regeln auch hinterfragen und sie vielleicht brechen. Menschen, die das tun, werden manchmal als Helden bezeichnet. Das

sind die Mitarbeiter, die im Mittelmeer Flüchtlinge aus dem Wasser fischen, oder die Schülerin, die sich auf die Seite des Mobbingopfers stellt und nicht im Strom gedankenlos mitschwimmt.

Die Kosten für das Seminar verbuchte ich wieder einmal als Lehrgeld. Ich möchte, dass Emma einen intelligenten Ungehorsam an den Tag legt. Ich möchte, dass sie meine Befehle ignoriert, wenn es ihr extrem unangenehm wird. Ich möchte, dass sie meine Befehle ignoriert, wenn sie den Eindruck hat, etwas anderes wäre besser. So blieb sie z. B. während eines Gespräches nicht auf ihrer Decke liegen, sondern kam, sprang auf meinen Schoß und legte eine Pfote auf den Oberschenkel meines Gegenübers. Das Gespräch nahm eine andere, sehr positive Wendung. Hätte sie auf mich gehört, würden wir vielleicht heute noch wild diskutieren.

Ich möchte mit einem lebendigen Hund zusammenarbeiten, nicht mit einer Plüschrobbe, einem Computer, der bereits in Altenheimen und auf Demenzstationen eingesetzt wird.

Gott hat sich ja auch häufig Mitarbeiter ausgesucht, die zum Widerspruch neigen: Moses, Jakob, Abraham, aber auch ein Paulus oder Petrus haben sich nicht immer nur mit Ruhm bekleckert, wenn es darum ging, Gottes Willen zu erfüllen. Da bin ich in guter Gesellschaft. Und Emma auch. Schließlich gilt für uns beide: Wir sind doch keine Maschinen ...

Leinenführigkeit

Der Traum eines jeden Hundebesitzers: Während des Spazierganges weicht der Hund freiwillig nicht einen Schritt von der Seite, sucht ständig den Blickkontakt und zollt der Umgebung kein Interesse.
Ach, wäre das schön. Stattdessen beobachte ich andere Hundebesitzer – und auch mich selbst – wie die Fellnase von rechts nach links zieht. Alles scheint wichtiger zu sein als das andere Ende der Leine.
Neidisch schaue ich Videos, in denen die „unsichtbare Leine" angepriesen wird. Nein, es geht nicht um Zaubertricks oder extrem dünne Seile, sondern um die Verbundenheit zwischen Mensch und Hund.
Emma hat von dieser Verbundenheit ihr ganz eigenes Bild: „Ich laufe kreuz und quer, schnüffle hier und jage da – und Frauchen wartet entspannt, bis ich wiederkomme." Leider ist ihr Bild nicht deckungsgleich mit meinem. Ich würde mir schon wünschen, dass sie besser hören würde, entspannt neben mir liefe und überhaupt ein Vorbild für alle anderen Hunde dieser Welt wäre.
Okay, es gibt wohl einen Weg dorthin: Konsequenz. Leider bin ich mit dieser Gabe nicht unbedingt gesegnet. Ich sehe es als einen weiteren Entwicklungspunkt in meinem Leben. Woher soll Emma wissen,

dass ich heute großen Wert auf eine lockere Leine lege, während ich gestern ein Ziehen und Reißen toleriert habe. Ein Hund möchte eine liebevolle, aber klare Ansage.

So wie ich letztlich ja auch. Nichts nervt mehr als ein vages Hin und Her meines Gegenübers. Dabei heißt es ja schon in der Bibel: „Euer Ja sei ein Ja, euer Nein ein Nein; alles andere stammt vom Bösen" (Matthäusevangelium, Kapitel 5, Vers 37). Zwar geht es im Kontext dieser Schriftstelle darum, wie oder ob überhaupt ein Schwur notwendig ist. Aber dieser Satz passt auch sehr schön in die Hundeerziehung oder das menschliche Miteinander insgesamt.

Immer klar und eindeutig zu sein, verlangt einem schon etwas ab. Es ist anstrengend, weil man sich

selber nicht aus unangenehmen Situationen herauswinden kann. Es tut weh, mir selber aber auch und vor allem meinem Gegenüber. Und eine klare Haltung und Ansage macht das Leben nicht unbedingt leichter.

Ob Jesus gut in der Hundeerziehung gewesen wäre? Schwer zu sagen, aber zuzutrauen wäre es ihm. Er war ein Verfechter des klaren Wortes. Er bezog Position, was das Unverständnis und den Hass der Schriftgelehrten nach sich zog. Einmal reagierte er sogar so emotional, dass er die Tische der Händler umwarf und die Händler selbst aus dem Tempel trieb (Markusevangelium, Kapitel 11, Vers 15).

Allerdings wollte er die Menschen nicht mit Angst, sondern mit Überzeugung zu einem gottgefälligeren Leben führen. Er wollte sie mit Liebe führen, nicht mit Schlägen und Strafen. Ein ziemlich neues Konzept der Erziehung, nicht nur bei Hunden. Nicht Zuckerbrot und Peitsche, sondern Geduld und Liebe. Ach, es klingt so einfach und ist so schwer. Jeder, der diesen Weg probiert, weiß, dass der Geduldsfaden ziemlich schnell reißen kann. Aber der Weg lohnt sich, bei der Erziehung von Mensch und Tier.

Absoluter Gehorsam ist also meine Sache nicht. Emmas auch nicht. Sie ist kein „Will to please"-Hund. Für ihre Lieblingswurst macht sie alles, etwas Beste-

chung wirkt manchmal Wunder. Wir sind ein tolles Team geworden, sie merkt, was mir wirklich wichtig ist und reagiert entsprechend. Dafür – aber nicht nur dafür – liebe ich sie.

Allerdings könnte sie ruhig weniger an der Leine ziehen!

Warum der Mensch die Gassirunde braucht

Hundebesitzer leben gesund. Schließlich sind sie jeden Tag draußen, bei Wind und Wetter. Sonne, Regen, Schnee, all das macht ihnen nichts.
Stimmt, als Hundebesitzer muss ich raus. Ein Katzenklo kommt für Emma nicht infrage, auch wenn ich weiß, dass sich selbst Hunde an so etwas gewöhnen können. Emma will laufen, schnuppern, ihr Revier markieren... Und ich muss mit. Diese Morgenrunde war für mich am Anfang der Härtetest. Als bekennende Langschläferin muss ich nun jeden Morgen fast eine Stunde eher aufstehen. Gegen sieben Uhr bin ich im Naherholungsgebiet, wo wir jeden Morgen unsere Runden ziehen.
Fast jeden Morgen. Ich bin in der glücklichen Lage, mein Leben mit einer Hündin zu teilen, die Regen hasst. In der Tat muss ich Emma manchmal, wenn sich so richtig schöner, heftiger Dauerregen eingenistet hat, aus der Haustür herausziehen. Aber es hilft nichts, mindestens eine Viertelstunde muss sein. Zu unserem Glück regnet es nicht häufig aus Eimern. Ein leichter Niesel hält uns von der gewohnten Runde nicht ab. Und so erlebe ich häufig die schönsten

Sonnenaufgänge, stapfe durch frischen Schnee oder genieße die frische Morgenluft, bevor es schwül und drückend wird.

Neuerdings haben wir das Radfahren für uns entdeckt. Das heißt, ich fahre und Emma sitzt hinten im Hundekorb bzw. läuft frei mit. Der Hundekorb kommt bei stark befahrenen Straßen oder zu heißem Wetter zum Einsatz. Sonst läuft Emma lieber. Sie genießt es, mal richtig Fahrt aufzunehmen und rennt mit großen Sprüngen los, sodass es eine Freude ist. Mich überraschen die Geschwindigkeiten, mit der sie das Tempo vorgibt: Spitze kann sie einige Minuten 25 km/h halten, eine gut zu haltende Geschwindigkeit sind 15 km/h. Durch Emma habe ich das Radfahren wieder angefangen. Eigentlich hasse ich es, aber wenn's dem Hund gefällt und guttut... Reiner Zufall, dass meine Ärztin mir mehr Ausdauersport angeraten hat.

Womit wir beim Thema wären: Gassirunden tun dem Menschen gut. Untersuchungen haben gezeigt, dass Tierbesitzer im Durchschnitt weniger Erkrankungen aufweisen. Und wenn sie krank sind, dann kommen sie schneller wieder auf die Füße. Das kann ich nur bestätigen: Wenn die neuesten wissenschaftlichen Untersuchungen zeigen, dass man bei einer Erkältung nicht nur im Bett liegen soll, sondern erst recht an die frische Luft gehen soll, dann ist man als Hunde-

besitzer der Wissenschaft um Jahre voraus. Emma kümmert sich nicht darum, ob ich erkältet bin, mein Knöchel geschwollen ist oder der Kopf dröhnt. Sie muss raus. Ich bin mit einem geduldigen Tier gesegnet. Es macht dann nichts, wenn die Runden kurz sind – soweit sie dann häufiger gemacht werden. Aber ich muss raus in einer Situation, wo ich sonst im Bett oder auf dem Sofa hängen geblieben wäre.
Dieses Phänomen wurde auch untersucht: Durch die Verantwortung, die Hunde- und Katzenbesitzer haben, sind sie schneller wieder gesund. Ähnlichkeiten zu Müttern, die ja nicht krank werden dürfen, sind nicht zufällig. Wenn ich weiß, dass da jemand von

mir abhängig ist, setze ich eben alles daran, möglichst schnell wieder einsatzfähig zu sein.
Mit dem Hund habe ich Verantwortung übernommen. Das war mir bewusst, als ich mich für ein Leben mit Hund entschieden habe. Trotzdem habe ich mir die bange Frage gestellt, ob ich diese Verantwortung tragen kann und will. Schließlich geht es nicht um einige Wochen, sondern um viele Jahre, die ein Mitgeschöpf mit mir teilen wird. In der Genesis wird erzählt, wie Gott dem Menschen den Garten Eden übergibt. Die Lutherbibel wählt die Worte: „... füllet die Erde und machet sie euch untertan und herrschet über die Fische im Meer..." (Buch Genesis, Kapitel 1, Vers 28) Die Einheitsübersetzung wählt den Begriff „unterwerft sie...". Diese Wörter und Sätze liefern häufig die Begründung, warum wir Menschen so ausbeuterisch mit der Schöpfung umgehen. Zu der Zeit, als diese Texte geschrieben wurden, waren es Herrscher, die andere Völker oder Stämme bekämpften, um Land zu gewinnen, Zugang zu Wasser zu erhalten oder Sklaven für die schwere Arbeit brauchten. Die Sieger „unterwarfen" oder „unterwarfen" um letztendlich zu „herrschen". Dieses „herrschen" ging aber auch immer mit Verantwortung einher. Er hatte dafür zu sorgen, dass seine Untertanen ein gutes Leben haben. Diktatoren, die nur egoistisch regierten, hatten immer

schon die Chance, durch Revolutionen und Attentate gestützt zu werden.
Die Schöpfung selber greift bislang nicht zu solchen Methoden. Mit fortschreitender Technologie und den daraus resultierenden Allmachtsfantasien haben wir es geschafft, die Natur an ihre Grenzen zu treiben. Smog, Klimaerwärmung, Vermüllung der Ozeane durch Plastik... So langsam geht der Schöpfung die Luft aus. Und wenn wir nicht aufpassen, dann schließlich auch uns Menschen. Verantwortung zu übernehmen, nachhaltig zu wirtschaften, der Natur nicht mehr abzutrotzen als sie zu geben imstande ist, war für unsere Ahnen selbstverständlich. Waren sie sich ihrer Verantwortung der Schöpfung gegenüber mehr bewusst oder fehlte ihnen einfach nur die Technik?
Ich versuche im Kleinen meiner Verantwortung gegenüber Emma gerecht zu werden. Außerdem härtet es ab, bei Wind und Wetter draußen zu sein. Es tut mir gut, so wie es für Emma wichtig ist. Allerdings beneide ich manchmal doch die Katzenbesitzer mit dem Katzenklo, wenn der innere Schweinehund morgens mächtig gähnt.

Zwischen Designerhund und Massenware

Neulich sah ich im Fernsehen einen Bericht über die „Wa(h)re Tierliebe". Was dort gezeigt wurde, hat mich wieder einmal zutiefst erschreckt. Hunderassen werden gezüchtet bzw. so überzüchtet, dass sie eigentlich nicht überlebensfähig sind.

Die Zucht an sich ist ja nicht etwas Schlechtes. Schon im alten Ägypten wurden unterschiedliche Hunderassen gezüchtet. Der Mensch wollte bestimmte Fähigkeiten seines Tieres nutzen und sie weiter ausformen. So gilt der Malteser als eine der ältesten Hunderassen. Schon die Pharaonen sollen Malteser gestreichelt haben.

Aber was in den letzten Jahrzehnten daraus geworden ist, schreit zum Himmel. Auch wenn der Mensch von Gott den Auftrag und die Erlaubnis bekommen hat, die Welt zu gestalten, so hat er damit aber auch den Auftrag, eben mit dieser Schöpfung verantwortungsvoll umzugehen.

Dass bestimmte Rassemerkmale überspitzt werden, tut den Hunden nicht gut. Wie häufig muss nach relativ kurzer Zeit, nämlich wenn die Hunde ausgewachsen sind, der Tierarzt eingreifen. Da wird die

Kopfform so gezüchtet, dass die großen, kugelrunden Augen aus dem Schädel quellen. So sind sie vor Verletzungen ungeschützt. Manchmal fallen sie auch wirklich aus. Ist das schön und artgerecht?
Oder ist es notwendig, dass bei einem plattnasigen Hund erst die OP ihm ermöglicht, etwas besser Luft zu bekommen. Wohlgemerkt: etwas besser. Schwierigkeiten wird dieser Hund immer haben. Bei einer anderen Rasse muss manchmal eine Schädel-OP gemacht werden, damit sich das Gehirn auf seine eigentliche Größe entfalten kann. Andere Hunde

haben so kurze Beine, dass der Brustkorb stets über den Boden schleift. Sind die ständigen Entzündungen schön?

Wir Hundebesitzer tragen mit Verantwortung für diese unhaltbaren Zustände. Kaum kommt eine bestimmte Rasse in Mode, schießen überall Züchter aus dem Boden. Waren es vielleicht bis vor kurzem Golden Retriever, so werden in den nächsten Jahren Französische Bulldogen, Malteser oder andere Modehunde. Die Hunde werden vermehrt – ich spreche bewusst nicht von einer Zucht – um möglichst schnell mit möglichst wenig Aufwand Geld zu verdienen. Nicht selten werden Tiere zur Zucht genutzt, die selber schon krank sind. Jeder hat im Biologieunterricht gelernt, dass damit die Wahrscheinlichkeit, einen kranken Welpen zu bekommen, extrem steigt. Jede Hündin wirft mehrmals im Jahr so süße Welpen, die sich gut und teuer verkaufen lassen. Schafft eine Hündin ihr Pensum nicht mehr, ist sie ausgelaugt und erschöpft vom ständigen Trächtig-Sein und Säugen, wird sie entsorgt. Oft sind die Stallungen unsauber und stinken im wahrsten Sinne des Wortes zum Himmel. Werden die Welpen dann mit sechs Wochen an ihre neuen Besitzer abgegeben, ist dies sogar tierschutzwidrig. Aber natürlich sind die Kleinen so süß. Und so günstig. Der Käufer spart! Allerdings zahlen

die meisten Hundeschnäppchenjäger beim Tierarzt bald drauf, denn die kleinen Welpen sind häufig krank, manchmal sogar sterbenskrank.
Häufig werden Hunde einfach aussortiert, nur weil sie nicht dem Trend oder der Mode entsprechen.
Ist es bei Menschen nicht ähnlich? Ich erinnere mich an Gespräche mit Eltern, die ein behindertes Kind haben. Manche von ihnen haben sich sehr für ihr Kind mit Behinderung entschieden haben und wurden bzw. werden von anderen, meist fremden Personen angegangen: Der Anblick des behinderten Kindes sei eine Zumutung. Es sind schon Prozesse geführt (und leider auch gewonnen worden), weil Urlauber ihr Geld zurück haben wollten, da Menschen mit Behinderung ihre Erholung gefährdet hätten. Selbst in Kirchengemeinden werden Kinder oder Erwachsene, die im Gottesdienst lautieren, nicht immer freundlich aufgenommen. Sind Menschen mit Behinderung Menschen zweiter Klasse? Sind sie, weil sie nicht der Norm entsprechen (wer legt diese eigentlich fest?) weniger wert? Lebensunwert? Die Zeiten, in denen auch bei Menschen von Rassen gesprochen wurden, sind noch nicht so lange vorbei. Und in so manchen Stammtischparolen oder sogar Politikerreden fallen wieder Worte und Sätze, die an das Vokabular der Nazis erinnern.

Alle Menschen sind Gottes Ebenbild. Sie sind Unikate, Originale. Menschen mit Behinderung sind es noch offensichtlicher. Sie sind immer für eine Überraschung gut, denn häufig genug agieren sie anders, als man es allgemein erwartet.

Mein Herz schlägt für Überraschungspakete. Auch für tierische Überraschungspakete, denn das sind Mischlinge auf jeden Fall. In der Regel sagt man ihnen nach, dass sie robuster sind als ihre reinrassigen Kollegen. Das weiß ich nicht zu beurteilen. Aber dass es Emma gut mit einem Rassehund was Intelligenz, Auffassungsgabe und Charme aufnehmen kann, hat sie schon oft bewiesen. In den Tierheimen sind viele Hunde aller Couleur, die ein neues Zuhause suchen. Es wäre eine gute Idee, vielleicht erst hier zu schauen, wenn man einen Hund sucht. Über Charakter und Eigenarten des neuen Hausgenossen können die Mitarbeiter meist gut Auskunft geben. Reinrassige Tiere gibt es hier übrigens auch. Wie wär's?

WÜRDE würde ich sagen

Manchmal wüsste ich zu gerne, was Emma denkt. Über die Welt, das Wetter und – natürlich – über mich. Sie spricht nicht viel über ihre Gedanken und weiht mich auch nicht ein. Aber ihr Blick spricht manchmal Bände. Er kann vernichtend sein, geduldig, ungehalten, verschreckt – und würdevoll. Emma kann thronen und schauen wie Liz Taylor als Cleopatra in diesem alten Hollywood-Schinken. Das sind die Augenblicke, in denen ich es nicht glauben kann, dass es Menschen gibt, die Tieren eine Seele und eine Würde aberkennen. Diese Würde ist der Eigenwert, den ein Geschöpf hat, einfach, weil es da ist. Das gilt für Mensch und Tier. Im Grundgesetz der Bundesrepublik Deutschland ist die Würde des Menschen unter Artikel 1 verankert: „Die Würde des Menschen ist unantastbar."

Emma scheint diesen Grundsatz allerdings auch auf sich anzuwenden. So ist es schlichtweg unter ihrer Würde, bei Minustemperaturen und Regen einen Hundemantel zu tragen. Sie bekam einen zu Weihnachten geschenkt. Sie durfte ihn sogar selber auspacken. Aber als deutlich wurde, was das Geschenk wirklich war, verschwand sie sofort unterm Küchentisch. Ihr Blick war vernichtend bis empört.

Ich versuche, ihr die Schmach des Mantels soweit es geht zu ersparen, aber es gibt Situationen, wo wir beide uns arrangieren müssen.
Leider ist von der Würde der Tiere im Grundgesetz nicht die Rede. Auch das Tierschutzgesetz schreibt sich dieses Wort nicht in die ersten Sätze. So ist es kaum vorstellbar, unter welchen Bedingungen manche (Nutz-)Tiere im reichen, fortschrittlichen Deutschland ihr Dasein fristen. Die Buchhandlungen sind voll von Ratgebern, wie welche Tierart gehalten werden soll. Und trotzdem finden sich noch genug Haushalte, wo ein einsamer Kanarienvogel auf der Stange vor einem Spiegel sitzt. Oder das Meerschweinchen, das allein in

einem engen Käfig sitzt und seinen Lebensraum nicht verändern kann. Oder das Kaninchen, das in der Wohnung gehalten wird, ohne mal ein typisches Kaninchenloch zu buddeln.
Bilder von Massentierhaltung empören immer wieder die Zuschauer. Wo bleibt die Würde eines Schweines, ein sehr intelligentes, sauberes Tier, wenn es in seinem eigenen Kot und auf toten Artgenossen stehen muss? Oder die Würde einer Kuh, deren Euter so groß und prall ist, dass sie nicht mehr laufen kann. Was sie ja auch nicht muss, da sie im Stall vollautomatisch versorgt wird. Die Hühner, die in kleinen Käfigen übereinander gestapelt werden und sich selbst verletzen und verstümmeln ...
Um mal mit der Würde zu fragen: WÜRDE sich das beschriebene Tier in seiner Situation wohlfühlen? Braucht es nicht etwas anderes, um zufrieden leben zu können? Ergibt sich die Würde eines Tieres erst durch seine Beziehung zum Menschen?
Als Gott Noah die Arche bauen ließ, gab er ihm den Auftrag, von jedem Tier ein Paar mitzunehmen. Dabei unterschied Noah nicht in Nützlinge und Schädlinge. Die Kuh war genauso dabei wie ein Löwe, Floh oder die Zecke. Jedes Tier hat seine Berechtigung. Jedes Tier ist ein Geschöpf Gottes. Dürfen wir dann unterscheiden, bewerten und aussortieren?

Als ich Emma aus dem Tierheim übernahm, musste ich angeben, wie viele Stunden am Tag Emma regelmäßig allein ble ben müsste. Gott sei Dank bin ich in der Lage, Emma mit ins Büro zu nehmen. Trotzdem kommt es natürlich vor, dass sie nicht mitkann. Dann gibt es Hundesitter, die sich gerne stundenweise oder tageweise mit ihr beschäftigen. Aber manchmal lässt sich auch ein solcher Mensch nicht organisieren. Dann muss sie allein bleiben. Und das ist für ein Rudeltier schwierig. Für Emma sowieso. Es hat Jahre gedauert, bis sie, ohne auszuflippen, allein zu Hause blieb. Nach fast vier Jahren war dann auch mal ein Kinobesuch drin.

Ich staune immer, wenn ich Berichte höre, wie ein Hund es ganz locker wegsteckt, bis zu acht Stunden am Tag allein zu bleiben. Wenn ich diese Zeit im Fragebogen des Tierheimes angegeben hätte, wäre Emma wahrscheinlich nie zu mir gekommen. Natürlich ist jedes Lebewesen anders. Aber die Regel sollte es nicht werden, dass Hunde so lange allein bleiben müssen.

Emma zumindest spielt gerne ihren Liz-Taylor-Blick aus. Sie lässt mich genau wissen, ob sie gerade in Stimmung ist, eine Schmuseeinheit zu empfangen oder zu spielen. Wenn sie sich für einen Einsatz in Kindergarten oder Schule von ihrem Hundebett erhebt, sich nach allen Regeln der Kunst reckt und streckt, dann denke ich manchmal schon, dass sie sehr wohl um sich und ihre Einmaligkeit weiß. Und wenn sie mich mit ihrem verächtlichen Blick straft, dann sowieso. Vielleicht sollte ich Emma umbenennen in Liz Taylor?

Können diese Augen lügen?

Mein Hund bettelt nicht. Sie guckt nur. Aber wie sie guckt!

Da Emma ein Tierheimhund ist, weiß ich wenig über die Art und Weise, wie sie aufgewachsen ist. Wurde sie am Tisch gefüttert? Musste sie sich ihr Futter erbetteln? Oder es vielleicht sogar von der Straße aufsuchen? Auf alle Fälle ist Emma ein Staubsauger auf vier Beinen, wenn wir durch die Stadt gehen. Zu Hause ist sie etwas diskreter, aber ihr Blick spricht Bände. Können Tiere überhaupt lügen? Wenn ich Lüge als eine bewusste Manipulation der Wahrheit definiere, dann stellt sich die Frage sehr wohl. Emmas Blick sagt ganz deutlich: Ich habe Hunger. Hier gibt es nie etwas zu fressen – und das, obwohl die Futterration des Tages auf ein Minimum geschrumpft ist.

Fake-News sind auch in der Tierwelt nichts Neues. Untersuchungen haben festgestellt, dass Tiere sehr wohl lügen und täuschen können. Das fängt mit der Ziege an, die ganz aufgeregt in einer Ecke schnüffelt, damit der Rest der Herde neugierig dorthin kommt. Kaum sind alle da und untersuchen das Gelände, stapft die Verantwortliche zur Futterbox und holt sich die Leckerbissen heraus, die ihr dem Rang nach gar nicht zugestanden hätten.

Unsere Vorfahren konnten sich nicht vorstellen, dass Tiere lügen können. Schließlich gehören zum Lügen auch eine gewisse Intelligenz und Reflexionsfähigkeit. Umso interessanter, dass uns da nicht nur Säugetiere in Nichts nachstehen. Und wieder hat sich der Abstand zwischen Mensch und Tier mächtig verringert.
Was unterscheidet den Menschen überhaupt vom Tier? Der aufrechte Gang? Da gibt es genug Gegenbeispiele. Selbst mein Hund kann eine gewisse Strecke halbwegs aufrecht auf ihren Hinterläufen zurücklegen.
Sprache? Nun ja, dass Papageien Worte nachplappern, wissen viele. Dass diese wunderbaren Tiere aber auch bewusst gelernte Worte einsetzen können, um etwas zu erreichen und sich mitzuteilen, das wissen nur wenige. Auch Menschenaffen können sich per Gebärdensprache oder Piktogrammen mit Menschen verständigen und Gespräche führen. Eine Schimpansin hat sich auf diese Weise den Vater ihrer Kinder ausgesucht. Selbst ein Hund kann Gegenstände auseinanderhalten. Emma kann bestimmte Menschen unterscheiden und auch diverse Spielzeuge. Ein Sprachverständnis scheint also da zu sein. Und wieder schrumpft der Unterschied weiter zusammen.
Was bleibt da noch an Unterschieden? Vielleicht ist es wirklich nur ein kleines Stückchen Chromosomen-

satz. Wir sollten uns davon verabschieden, dass wir Menschen die Krone der Schöpfung und mit ihren tierischen Mitgeschöpfen nichts zu tun haben. Als Darwin seine Untersuchungen der Evolution veröffentlichte, gab es einen Aufschrei. Und es gibt immer noch Menschen, die die Evolutionslehre als schlichtweg falsch abtun. Die Begründung finden sie in der Bibel. Wenn ich die Bibel wörtlich nehme, dann habe ich natürlich mit dem Urknall und all seinen Konsequenzen echte Probleme. Aber die Bibel auf diese Art und Weise zu lesen, scheint mir nicht richtig zu sein. Die Bibel erzählt Geschichten, die Menschen in ihrer Zeit für wichtig und richtig hielten. Von Evolution hat da noch nie jemand gehört, folglich kann sie z. B. keinen Einfluss auf die Schöpfungsgeschichte gehabt haben. Die Wahrheit der Bibel liegt nicht in den naturwissenschaftlichen Beschreibungen. Die Wahrheit der Bibel bezieht sich allein auf die Beziehung Gottes zu den Menschen und umgekehrt. Sie ist kein Biologie- oder Evolutionsbuch, sondern eine Liebesgeschichte zwischen Gott und dem Menschen.

Ich für meine Person finde es gar nicht so schlimm, dass wir Menschen nicht so besonders sind. Wenn die Schöpfungsgeschichte deutlich macht, dass wir alle, Tiere wie Menschen, von Gott geschaffen sind, dann verringert das meinen Wert nicht im Geringsten. Es

stellt höchstens den Wert der Mitgeschöpfe deutlich heraus. Und was kann daran schlimm sein? Wenn ich mir die Nachrichtensendungen anschaue, dann denke ich häufig genug, dass Tiere eigentlich die besseren Menschen sind. Zumindest habe ich noch nicht davon gehört, dass Tiere gegeneinander kämpfen, weil sie an unterschiedliche Götter glauben oder einfach mehr Geld haben wollen. Wenn es Kämpfe unter Tieren gibt, dann sind sie existentiell, aber nicht ideologisch. Wenn mein Hund mich mit schmachtenden Augen anschaut, dann, um sich einen größtmöglichen Vorteil zu sichern. Damit ist sie mir nicht unähnlich. Ihre Blicke erzählen mir viel: wie genervt sie von mir ist, ob sie sich entspannt, Freude und Frust kann auch ein Hund über seinen Blick mitteilen. Genauso, dass sie (angeblich) nie ausreichend gefüttert und geherzt wird. Können diese Augen lügen?
Sie versuchen es zumindest.

Sorry, lieber Lemming

Auch wenn Emma so harmlos aussieht: sie ist ein Jagdhund. Da kann auch das niedliche Teddybär-Gesicht nicht ablenken. Wenn Emma die Gelegenheit hat, dann ist keine Maus, kein Karnickel vor ihr sicher. Und auch kein Lemming...
Im Norwegenurlaub durfte sie in den unendlichen Weiten auch frei laufen. Bisher war sie immer wieder zurückgekommen, warum nicht auch hier. Tja, bis sie ihre wahre Berufung gespürt hat, klappte alles ganz gut. Emma jagte. Und das so ausführlich und intensiv, dass ich über eine Stunde auf einer Hochebene herumsuchte. Tauchte Emma auf, so lief sie freudestrahlend an mir vorbei. Ihr Blick sagte mir: „Mann, ist das toll hier." Meine Nerven sagten mir: „Wenn du nicht sofort hierherkommst, dann...!"
Schließlich fand ich sie, bevor sie in einem Kaninchenbau verschwinden konnte. Vor meine Augen hatten sich schon Schreckensszenarien abgespielt: Emma verletzt unter einem Felsen. Emma von den Klippen abgestürzt, weil sie im Jagdfieber einer Möwe hinterher fliegen wollte. Emma in einem Kaninchenbau eingeklemmt, aus dem sie nie wieder herauskäme. Emma wurde an die Leine gelegt, was wir beide ziemlich blöd fanden, wenn auch aus unterschiedlichen Gründen.

Auf einer anderen Hochebene büxte sie mir wieder aus. Diesmal war das Gebiet besser zu überblicken. Und so sah ich, dass sie kleinen braunen, herumhuschenden Wesen hinterherlief. Zu deren Glück konnte sich Emma nicht entschieden, welchem Wesen sie hinterherlaufen sollte, sodass ihr das Jagdglück (noch nicht) hold war.

Diese kleinen, possierlichen Tierchen waren Berglemminge, sozusagen Bergmäuse ohne Schwanz. Die gibt es in Norwegen zuhauf, es wimmelt geradezu von diesen kleinen Wesen, die wie übergroße, schwarzbraun-weiß gefleckte Hamster aussehen. Emma fand

das wunderbar, dass sich diese Tiere quasi selber zur Jagd anboten. Die Nase klebte am Boden und im Zickzack schnüffelte sie sich über die Ebenen.
Berglemmige sind zwar flink, aber auch dumm. Emma stellte einen Berglemming, der sich in einer kleinen, provisorischen Felshöhle versteckt hatte. Emma buddelte den Eingang etwas größer, der Lemming zog sich weiter zurück und pfiff und quiekte laut. Emma buddelte weiter, das Quicken nahm zu. Emma untersuchte das andere Ende der Höhle, aber das war selbst für ihre Nase zu eng. Also wieder an den ersten Eingang. Und dann tat der Lemming etwas, was in meinen Augen nur dumm war: er versuchte, an Emma vorbeizulaufen. Warum wählte er nicht den andern Ausgang?
Emma zumindest schnappte zu. Das Schicksal des Lemmings war besiegelt. Leider war er aber zu groß, um mit einem Happs verspeist zu werden. Emma mühte sich redlich, doch ich kam ihr zuvor. Mit einiger „Überredungskunst" schaffte ich es, dass sie das Tierchen fallen ließ. Es kam jede Hilfe zu spät. Und mit blutverschmiertem Fell büßt auch ein toter Lemming jeden Charme ein, sodass ein Mund-zu-Mund-Wiederbelebungsversuch für mich nicht infrage kam. Wenn Emma jagt, dann gibt es für sie kein rechts und links, kein gestern und morgen. Sie ist ganz im

hier und jetzt. Überlegen? Fehlanzeige. Der Instinkt gewinnt und treibt sie voran. Dafür sind die Rassen, die in ihr schlummern, schließlich auch gezüchtet worden: zu jagen. Das muss man einem Terrier nicht beibringen, er kann es einfach, es liegt in seinen Genen. Und dann kann er auch nicht anders. Darf ich also Emma böse sein, wenn sie jagt? Nein, denn sie hat keine Wahl. Sie kann nicht rational überlegen: Ich bekomme genug zu fressen, ich muss diesen Lemming nicht töten. Sie reagiert auf Reize und Impulse. Sie hat keine Schuld am Tod des Lemmings. Sie konnte nicht anders.

Eher trage ich die Schuld am Tod des possierlichen Tieres. Ich kann Instinkte unterdrücken, rational denken und mich entscheiden. In beschriebenen zweiten Fall war ich einfach zu langsam, Emma ist mir entwischt. Aber ich hätte damit rechnen müssen, dass sie jede Lücke nutzt, um wieder ins Jagen zu kommen. Das ist meine Verantwortung als Hundebesitzerin. Ich habe dafür zu sorgen, dass mein Hund niemanden verletzt oder schädigt. Mein Hund kann seine Handlungen nicht abschätzen und Konsequenzen nicht sehen. Ich muss da für sie mitdenken. Dass damit manche Hundebesitzer überfordert sind, zeigen Zeitungsberichte: Kinder werden von Hunden angefallen, Menschen manchmal sogar zu Tode gebissen. Ich

behaupte, das Problem ist nicht der Hund, sondern steht am anderen Ende der Leine.
Was ich daraus gelernt habe: Auch in meinem Hund steckt ein Raubtier. Selbst bin ich keine Jägerin, sodass Emmas Talente in dieser Hinsicht von mir nicht weiter ausgebaut werden.
Was Emma gelernt hat: Jagen macht Spaß. Und ist erfolgreich! Ob Lemminge in Norwegen oder Mäuse in Deutschland, der Malteser, Pudel und Terrier in ihr machen sich mit Begeisterung auf den Weg.
OK, für die nächste Mäuseplage sind wir beide gut vorbereitet. Bis dahin muss Emma bei Spaziergängen wieder an die Schleppleine. Aber buddeln klappt auch mit Schleppleine gut!